Processos
de revisão
textual

CB039918

Eugênio Vinci de Moraes

PROCESSOS DE REVISÃO TEXTUAL

inter saberes

Rua Clara Vendramin, 58 • Mossunguê • CEP 81200-170 • Curitiba • PR • Brasil
Fone: (41) 2106-4170 • www.intersaberes.com • editora@intersaberes.com

CONSELHO EDITORIAL ▸ Dr. Alexandre Coutinho Pagliarini + Dr.ª Elena Godoy +
Dr. Neri dos Santos + Dr. Ulf Gregor Baranow

EDITORA-CHEFE ▸ Lindsay Azambuja

GERENTE EDITORIAL ▸ Ariadne Nunes Wenger

ASSISTENTE EDITORIAL ▸ Daniela Viroli Pereira Pinto

PREPARAÇÃO DE ORIGINAIS ▸ Luiz Gustavo Micheletti Bazana

EDIÇÃO DE TEXTO ▸ Camila Rosa

CAPA ▸ Iná Trigo

PROJETO GRÁFICO ▸ Sílvio Gabriel Spannenberg (*design*) + GaudiLab, Lalandrew,
Rawpixel.com, fizkes, Dragon Images, Alissa Kumarova, oxy burrow, mrmohock,
Song_about_summer, wavebreakmedia, Lorelyn Medina, Golubovy e Lipik Stock
Media/Shutterstock (imagens)

DIAGRAMAÇÃO ▸ Rafael Zanellato

EQUIPE DE *DESIGN* ▸ Iná Trigo + Sílvio Gabriel Spannenberg

ICONOGRAFIA ▸ Sandra Lopis da Silveira + Regina Claudia Cruz Prestes

Dados Internacionais de Catalogação na Publicação (CIP)
(Câmara Brasileira do Livro, SP, Brasil)

Moraes, Eugênio Vinci de
    Processos de revisão textual/Eugênio Vinci de Moraes. Curitiba:
InterSaberes, 2020.

    Bibliografia.
    ISBN 978-65-5517-000-9

    1. Editoração – Normas – Brasil 2. Originais – Revisão 3. Ortografia 4. Revisão de
provas (Editoração) 5. Textos – Produção I. Título.

20-34099   CDD-808.02

Índices para catálogo sistemático:
1. Revisão textual   808.02

          Cibele Maria Dias - Bibliotecária – CRB-8/9427

Sumário

"O livro é um objeto vetorizado e, consequentemente, normativo."

Michel Melot

Prefácio

Eugênio Vinci de Moraes consagra verdadeiro apostolado ao livro, como objeto físico e de valor cultural. Foi livreiro na Avenida Paulista e na Praça Benedito Calixto, em São Paulo, e segue como bibliófilo, revisor e preparador de textos, crítico textual, professor de português e literatura brasileira e tradutor de obras de língua italiana.

À luz dessa vida dedicada aos livros foi que Vinci de Moraes compôs estes *Processos de revisão textual*, na esteira de grandes trabalhos inspiradores como os de Antônio Houaiss, Emanuel Araújo e Plínio Martins Filho. O livro incorpora, dada a multiplicidade do autor, a técnica e a erudição necessárias para uma escrita fluida e inteligente, o que torna a leitura ao mesmo tempo saborosa e útil aos profissionais que se iniciam na área e a outros que queiram aumentar seus conhecimentos sobre esses temas.

O livro destaca-se ainda por propiciar uma formação mais técnica, de base linguística e filológica, a profissionais que trabalham com suportes textuais distintos, incluídos os emergentes, quebrando assim com a visão engessada de boa parte da literatura especializada do setor e consubstanciando reflexões, desde o pergaminho até recentes mídias digitais, como textos em ePUB. O autor entende que o texto sempre sofre mudanças, considerando sua *performance* e recepção nos usos da linguagem, nos termos com que Paul Zumthor caracterizou a movência (*mouvance*) textual, propriedades sugestivamente consideradas e aplicadas à revisão.

Na tentativa de suprimir grave lacuna pedagógica – a reduzida oferta de cursos ou disciplinas sobre o assunto em nível superior –, o livro prima por apresentar, em cada um de seus seis capítulos ("A revisão"; "A história dos suportes da escrita"; "A organização do original"; "Normalização: questões ortográficas"; "Normalização: citações e referências"; "Revisão de provas"), uma pequena introdução, uma síntese, atividades de autoavaliação e de aprendizagem.

Por todas essas qualidades, os leitores que procuram uma obra escrita com erudição e, ao mesmo tempo, com boa dose de praticidade, ficarão satisfeitos com a proposta de Vinci de Moraes. Um livro para ensinar a fazer, tanto a jovens profissionais e a alunos e alunas de cursos de Letras que vislumbrem atuar nessa área quanto a leitores em geral.

Este livro prepara competentemente os profissionais da pena para uma das vertentes cruciais de seu mister: a revisão textual, na qual, infelizmente, ainda impera uma boa dose de amadorismo.

Boa leitura!

Marcelo Módolo

Professor de Filologia e Língua Portuguesa

Universidade de São Paulo – CNPq

Apresentação

Esta obra, caro leitor, cara leitora, é peculiar, pois trata de um tema que está implicado em sua produção: os processos de revisão textual. Caso encontre nestas páginas uma gralha, um salto ou um pastel, você estará diante de um erro, fenômeno textual com inúmeras implicações e denominações e contra o qual a revisão textual atua.

Mas não se iluda, pois a eliminação total dos erros é uma quimera. Antonio Houaiss (1983, p. 202), um dos responsáveis pela modernização dos processos editoriais no Brasil, dizia que "não há livro sem erro tipográfico, óbvio ou latente". No entanto, é possível reduzi-los mediante técnicas, métodos e processos editoriais. Esses procedimentos são o tema desta obra.

Este livro é destinado a alunos e alunas de cursos de Letras e a leitores em geral. Insere-se em um programa que busca incentivar estudantes e outros profissionais a trabalhar na área de revisão, sempre em busca de pessoas experientes e capacitadas para a função. Essa demanda não é atendida por cursos ou disciplinas de nível superior, lacuna que o livro procura modestamente preencher.

No Brasil, destacamos dois cursos presenciais: de revisão textual, na Universidade Federal de Pelotas; e de editoração, na Universidade Federal de Minas Gerais. Também há outros, presenciais e a distância, porém são poucos, sobretudo em relação à demanda.

As vagas em editoras, jornais e *sites* ou outros domínios digitais geralmente são ocupadas por estudantes ou egressos dos cursos de Letras e Jornalismo, quase sempre sem especialização em práticas de revisão textual.

A revisão textual está inserida em um processo de editoração. É a etapa de um projeto que culmina em uma publicação: do *blog* ao livro, do anúncio publicitário ao jornal, do trabalho de conclusão de curso à tese de doutorado. Desde que o texto entra em um sistema de publicação, a revisão incorpora-se a ele e vincula-se aos procedimentos ligados à editoração, como a normalização e a diagramação. Estão em jogo, nesse processo, aspectos como adequação de conteúdo, estilo e registro e questões gramaticais e de *layout*. A exceção é para textos particulares que não são publicados em um suporte institucional.

O propósito deste livro é torná-lo(a) capaz de compreender as etapas de revisão e normalização de diferentes gêneros textuais, em uma época em que se opera uma profunda transformação nos suportes da escrita. Os textos não são mais veiculados apenas em bases tradicionais como jornais e livros, mas também em diferentes cenários editoriais gerados pela *web*, o que demanda novas reflexões sobre a normalização e a revisão textuais – sem contar o grande salto nas produções acadêmicas, em virtude da ampliação da oferta de cursos superiores no Brasil, iniciada a partir de 2002, que renovou alguns aspectos editoriais dos gêneros textuais acadêmicos.

Para ajudá-lo(a) nesta jornada, organizamos essa discussão em seis capítulos. No Capítulo 1, apresentamos o conceito, a função e as modalidades de revisão e diferenciamos a preparação de textos do copidesque. A história dos suportes textuais, da revisão e dos profissionais ligados a ela é o tema do Capítulo 2. No Capítulo 3, detalhamos os processos de organização do original, etapa fundamental da revisão textual. Nos Capítulos 4 e 5, expomos os critérios de normalização ortográfica e das referências. Por fim, no Capítulo 6, detemo-nos em processos realizados na revisão de provas. Para reforçar a fixação desses conhecimentos, acrescentamos aos capítulos questões de múltipla escolha e atividades discursivas, de reflexão e de aprendizagem.

Como aproveitar ao máximo este livro

Empregamos nesta obra recursos que visam enriquecer seu aprendizado, facilitar a compreensão dos conteúdos e tornar a leitura mais dinâmica. Conheça a seguir cada uma dessas ferramentas e saiba como elas estão distribuídas no decorrer deste livro para bem aproveitá-las.

Introdução do capítulo

Logo na abertura do capítulo, informamos os temas de estudo e os objetivos de aprendizagem que serão nele abrangidos, fazendo considerações preliminares sobre as temáticas em foco.

Síntese

Ao final de cada capítulo, relacionamos as principais informações nele abordadas a fim de que você avalie as conclusões a que chegou, confirmando-as ou redefinindo-as.

Atividades de autoavaliação

Apresentamos estas questões objetivas para que você verifique o grau de assimilação dos conceitos examinados, motivando-se a progredir em seus estudos.

Atividades de aprendizagem

Aqui apresentamos questões que aproximam conhecimentos teóricos e práticos a fim de que você analise criticamente determinado assunto.

Bibliografia comentada

Nesta seção, comentamos algumas obras de referência para o estudo dos temas examinados ao longo do livro.

Introdução

Os copistas medievais viviam assombrados pela intromissão de Titivillus durante o trabalho. *Titivillus* era o nome que eles davam ao demônio responsável pelos erros tipográficos. Ele ficava à espreita do cochilo desse profissional da escrita. Quando isso ocorria, o diabrete aproveitava para inverter uma frase, modificar a grafia de uma palavra ou trocá-la por outra – ou seja, para gravar um erro na cópia de um manuscrito. Essa personagem, hoje esquecida, ilustra a importância da fidelidade ao original e da publicação sem erros no trabalho de reprodução de manuscritos na Alta Idade Média.

Do século XI em diante, a circulação de obras manuscritas aumentou significativamente e, com ela, o desenvolvimento da organização do texto em um formato a que hoje damos o nome *livro*. Organização que ficou cada vez mais complexa à medida que a leitura silenciosa se consolidava no Ocidente.

Nesse período, livro chamava-se *códice*, artefato muito semelhante ao que encontramos hoje nas livrarias. Feito de pergaminho ou, mais raramente, de papiro – dobrado duas, quatro ou oito vezes –, o códice formava cadernos que, costurados e limitados por capas, permitiam a inserção de paratextos que o rolo ou o volume não admitia (Melot, 2012).

Títulos, sumários, número de páginas e índices foram incluídos de fato e universalmente mais tarde, com o surgimento da prensa móvel no século XV, no Ocidente. Essa invenção inseriu o livro na era visual, com a criação e a consolidação da linguagem tipográfica. Todos esses aparatos possibilitaram que um indivíduo sozinho, em casa ou na biblioteca de uma universidade, pudesse ler o texto escrito sem precisar ouvi-lo. De preferência, sem erros.

A preocupação com a fidelidade ao original, com a grafia correta das palavras e até mesmo com sequências textuais mais longas sugere uma valorização da escrita. O processo de reprodução de manuscritos já envolvia, depois dos séculos XI e XII, a observação dos sinais de pontuação, tanto aqueles voltados para a organização da sentença quanto os destinados à estruturação do texto, a exemplo dos sinalizadores de capítulos e de parágrafos.

A organização do texto na forma que conhecemos hoje, que permite que o leiamos solitariamente, sem precisar ouvi-lo, é a base que justifica e move o trabalho de revisão textual. O processo de editoração que resulta no livro – ou em outra forma de publicação – é um processo de regramento da escrita.

O texto, ao ser gravado em um suporte material (e, agora, imaterial, como a tela das mídias digitais), obedece a ordenações espaciais, critérios tipográficos e normas linguísticas, estilísticas e pragmáticas. O livro como artefato cultural é resultado de um demorado processo histórico em que "a língua falada e a língua escrita não cessaram de se distanciar uma da outra [...], enquanto a língua traz, pela voz, a verdade do corpo, apenas a língua escrita [...] – escrita em um livro – é considerada como um paradigma social, escolar e acadêmico" (Melot, 2012, p. 65, 67).

Ao pautar-se por um modelo social, a língua escrita segue um **padrão**, isto é, uma convenção estabelecida por uma comunidade. Isso significa que se estabelece um conjunto de normas que regulam a escrita e que devem ser seguidas e adotadas por um grupo, no caso editores, escritores, intelectuais, estudantes e leitores. Normas editoriais, linguísticas, estilísticas e pragmáticas, como já dissemos. Como essas normas são sociais, também são flutuantes. Em outras palavras, embora sejam um padrão e, como tal, idealmente invariáveis, os modelos editoriais sofrem mudanças provocadas pelas conjunturas histórico-sociais concernentes ao lugar, ao público e aos interesses de quem publica ou escreve.

Para ilustrar esse conflito entre padrão e variação, reproduzimos um trecho de uma carta escrita em 1915 por Graciliano

Ramos, autor de *Vidas secas*, entre outros grandes romances da literatura brasileira:

E eu continuo a passar aqui uma vida mais ou menos estúpida. Imagina tu que agora tenho de usar nada menos de três ortografias. Se no *Correio da Manhã* aparecer alguma vez Brazil, com *z*, eu tenho de substituir o *z* por *s*; se no *Século* vier a mesma palavra com *s*, tenho eu de trocar o *s* por *z*. De sorte que uso a ortografia do *Correio*, a do *Século* e a minha, porque eu tenho uma, que é diferente das deles. (Ramos, 1980, p. 50)

Graciliano trabalhava como revisor em dois periódicos diferentes em meio a uma querela ortográfica, que só se resolveu em 1931, com o emprego do *s* intervocálico, firmando a grafia *Brasil*, que vigora até hoje.

Essa oscilação da norma mostra como o trabalho de revisão textual está ligado à normalização e às suas flutuações. Ou seja, por um lado, há o conjunto de regras que uniformizam a produção escrita; e, por outro, há condicionantes e variações ligadas à heterogeneidade das sociedades ocidentais que impedem o emprego de uma norma única e absoluta. Martins Filho (1997, p. 60-61), professor da Escola de Comunicações e Artes da Universidade de São Paulo (ECA-USP) e editor, observa:

Não podemos seguir, de forma estrita, as normas da ABNT (Associação Brasileira de Normas Técnicas), pois todos os livros seriam padronizados de modo idêntico. [...] Naturalmente há normas já universais, que a própria ABNT registra, como as anotações bibliográficas, colocação do sumário etc., que quase todas as editoras adotam, mas isso é sempre mais uma opção de quem realiza o projeto gráfico do texto do que uma regra que não pode ser quebrada.

O texto publicado em um suporte, como livro, jornal, tese, *site* de notícias ou *blog*, sofre um processo de normalização, o que significa adequar-se a um conjunto de normas tipográficas, linguísticas e de estilo. Essas são resultado de uma convenção, que deve ser seguida por meio de um padrão estabelecido para o contexto no qual o texto se inscreve. Um livro segue o manual de padronização e estilo da editora em que está sendo publicado; uma tese de doutorado segue o padrão da Associação Brasileira de Normas Técnicas (ABNT), da American Psychological Association (APA) ou do sistema Vancouver; uma reportagem segue o manual de redação e estilo do jornal em que é publicada; e assim por diante. E o revisor é o observador desses padrões.

O trabalho de revisão textual é mais vasto e complexo do que o de um mero apanhador de erros ortográficos ou tipográficos. A tarefa do revisor pode avançar para a de preparador de originais e mesmo para a de copidesque. Isso ocorre, por exemplo, quando um autor de uma dissertação de mestrado contrata um profissional para normalizar seu texto.

Se em uma editora as tarefas de preparação e revisão podem ser feitas por profissionais diferentes (nas grandes, certamente; nas pequenas, nem sempre), no caso da dissertação de mestrado o revisor fará o trabalho de preparador, revisor e, muitas vezes, copidesque. Ou seja, terá de adequar a dissertação aos padrões da ABNT (ou Vancouver e APA, a depender da área) e reescrever trechos do texto para torná-lo mais adequado ao gênero, além de fazer a revisão gramatical.

Os processos de revisão textual diversificaram-se muito com a expansão da rede mundial de computadores, isto é, a internet. Nesse ambiente, o trabalho de revisão ainda não se estabeleceu a ponto de se publicarem manuais de estilo ou de normalização específicos. Em geral, adaptam-se os critérios de normalização editoriais para os gêneros digitais. Existem tentativas de dividir esse trabalho com o leitor, uma vez que o meio eletrônico permite a interação quase instantânea entre emissor e receptor. De todo modo, as migrações dos formatos impressos para o digital, como jornais e livros em geral, seguem processos semelhantes aos da revisão textual, já os novos formatos estão em busca de outros procedimentos. Por exemplo, em livros no formato ePUB não há número de página, mudança que por si só altera a dinâmica da revisão.

Essas novas possibilidades, bem como as discussões recentes sobre elas, também serão abordadas neste livro a fim de não dar brechas para a intromissão de Titivillus, diabrete sempre atento aos cochilos do revisor.

A REVISÃO

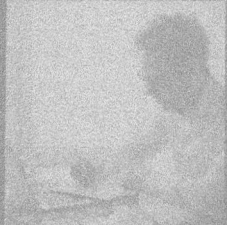

"Declaro que havia no prefácio de *Poesias completas* (1901), de Machado de Assis, um erro gravíssimo, arrepiante é melhor, praticado na revisão: na passagem em que dizia "cegara o juízo", um cochilo do revisor deixou passar a trocado "e" por um "a"... formando uma palavra suja. Existem exemplares nas mãos dos amigos do livro com a letra refeita a nanquim, cujo trabalho foi executado por mim, e outros [...]."

Eduardo Lemos, revisor da livraria e editora Garnier

Um texto passa pelas mãos de vários profissionais antes de chegar às do leitor: autor, editor, editor--assistente, produtor editorial, diagramador, programador visual, *designer*, tipógrafo, preparador de textos, copidesque, ilustrador, fotógrafo e, claro, revisor. Todos são corresponsáveis pelo processo editorial que resulta no objeto que virá a ser impresso ou digitalizado. O revisor está ali para dar conta de inúmeros detalhes pensados, criados e executados por esses profissionais.

Do autor, o revisor deve observar o estilo, a obediência à norma (as várias que hoje há, além da padrão) e a coerência do texto; dos editores, o projeto do livro, a organização dos capítulos, os títulos e o padrão da editora; do tipógrafo e do diagramador, o respeito à tipologia escolhida pelo projeto gráfico; e assim por diante.

Mas não cabe ao revisor zelar pela obediência à gramática e pela correção de erros tipográficos? Sim, mas não apenas. Em algumas situações, só lhe será reservado esse processo. Talvez um dos últimos entre os processos relativos ao texto em uma produção editorial. De todo modo, quase sempre se exige muito mais que isso de um revisor.

Além do livro, a revisão textual aplica-se a toda forma de impresso (panfletos, anúncios, convites etc.) e a textos digitais e acadêmicos, entre outros. Isso significa que muitas vezes o processo de revisão textual será diferente dependendo do suporte ou do meio no qual ela é realizada.

Neste capítulo inicial, analisaremos como isso acontece, discutindo o que vem a ser a revisão textual, as funções e as modalidades de revisão textual e as diferenças entre preparação de textos e copidesque.

1.1 O que é a revisão textual?

No senso comum, revisão textual é a revisão ortográfica ou gramatical. Se duvidar disso, saia perguntado por aí sobre ela. Respostas como *correção gramatical* e *correção de erros* poderão acompanhar a ideia de correção linguística ou ortográfica. Essa visão revela a falta de conhecimento do contexto geral que envolve a revisão de textos. Ignora-se o processo produtivo que faz chegar às mãos ou aos olhos do leitor o texto editado ou formatado.

Segundo o dicionário *Houaiss* (IAH, 2020), o verbo *revisar* deriva do termo latino *revisere*, cujo sentido é voltar para ver, "ver de novo", "examinar novamente". Significado que aparece na primeira acepção do verbete: "ter novamente sob os olhos (alguma coisa)". O substantivo *revisão* significa, primeiro, "ato ou efeito de rever ou revisar". Na segunda acepção, inclui o significado no campo textual: "nova leitura, mais minuciosa, de um texto; novo exame".

O *Dicionário Aulete digital* (2014) aponta para a mesma direção e, já na primeira acepção, enfatiza a escrita e assinala o fenômeno do erro, definindo *revisão* como "ação ou efeito de rever, de examinar de novo, segunda leitura ou vista; vista minuciosa de um escrito ou impresso para expurgá-los dos erros" (Aulete; Valente, 2014). A revisão é uma ação que se segue a uma primeira; portanto, a rigor, se estabelece depois que um texto está pronto, seja pelo autor, seja pelo preparador de textos.

À medida que avançamos pelos verbetes do *Houaiss* e do *Aulete*, encontramos definições limitadas pela rubrica da editoração ou da tipografia. No primeiro, lemos que a revisão é um "EDIT. GRÁF. exame minucioso das provas de impressão a fim de fazer-lhes as necessárias emendas no confronto com os originais; revisão de prova" (IAH, 2020); e, no segundo, um "[*Tip.*] exame das provas de impressão, para fazer as necessárias emendas ou alterações e conformá-las com os originais" (Aulete; Valente, 2014).

Mencionam-se então modalidades de texto específicas, relacionadas à editoração: originais e provas de impressão. Elas se diferenciam pelo tratamento editorial que o original recebe até se transformar na prova de impressão ou tipográfica.

Esse confronto ou comparação entre original e prova é o que dá a definição mais tradicional e específica da revisão textual. Conforme Ildete Oliveira Pinto (1993, p. 125), "A palavra *revisão* tem em si grande carga de significações, mas aqui se refere à revisão de provas. O revisor de provas (daqui por diante só revisor) teria por incumbência o cotejo da prova com o original sem compromisso com o conteúdo do texto e limitado apenas aos erros tipográficos". Definição próxima da que encontramos em Carlos Alberto Rabaça e Gustavo Guimarães Barbosa (2014, p. 242):

> (ed) 1 Leitura atenta, pelo revisor, de todo o texto composto, confrontando provas e contraprovas com o texto original e indicando, por meio de símbolos convencionais (chamadas e sinais de revisão), universalmente conhecidos pelos gráficos, todos os erros de composição, de boa disposição, de espacejamento etc., para serem emendados e corrigidos [...].

Essas definições circunscrevem a revisão textual à ação de correção por meio da comparação de duas versões (anterior/posterior) do mesmo texto. Mas as experiências práticas mostram que o trabalho do revisor ultrapassa a fronteira da correção e alcança o território da normalização e readequação ou do aprimoramento do texto original. Aristides Coelho Neto (2017, p. 58) observa que "é na revisão consciente, detalhista, competente, que o conteúdo vai ser aprimorado, no que diz respeito à coesão e à coerência, aos erros ortográficos, aos erros conceituais, enfim, aos deslizes praticados pelo autor".

O autor ainda menciona o aprimoramento do *conteúdo*, não só da *forma*. Esse aperfeiçoamento do texto, segundo Coelho Neto (2017, p. 58), deve ser executado por um revisor "capacitado e experiente indo além da revisão, passando pela chamada preparação de originais".

Preparação de originais (ou *preparação de textos*) e *revisão de provas* são trabalhos diferentes. A preparação envolve a aplicação das normas editoriais, linguísticas e estilísticas; já a revisão de provas ocorre depois de o original ter sido normalizado e diagramado (ou composto) pela primeira vez.

A preparação é mais trabalhosa, pois é executada no texto original. Emanuel Araújo (2008, p. 59) descreve esse processo, em geral tarefa do editor ou do preparador de textos, como a ação de "submeter todo o seu texto a uma normalização literária, i.e., submetê-lo a uma revisão de tal ordem que empreste ao conjunto uma espécie de coerência integral". Mais adiante, quando trata da questão do estilo, para o qual a clareza da comunicação é central, novamente emprega o termo *revisão* para descrever uma das ações da preparação ou edição de texto: "o escrito pode e deve sofrer **as alterações necessárias a fim de evitar-lhe asperezas, dubiedades, erros ou simplesmente imperfeições estilísticas** menores. Semelhante revisão, portanto, tem de efetivar-se sob o velho enunciado de Boileau: 'o que se concebe bem, se enuncia claramente [...]'" (Araújo, 2008, p. 61, grifo nosso).

A revisão de provas ou tipográfica caracteriza-se pela comparação entre o texto normalizado e revisto e a prova impressa ou digital. Isso não descarta outra necessária leitura integral do texto. Pelo contrário, esse processo se repetirá quantas vezes forem necessárias, considerando-se, claro, os custos e a logística editorial.

Mas a revisão textual não se restringe ao processo editorial ligado à produção de livros ou de periódicos. Como dissemos, essa atividade é aplicada a outros suportes. Por isso, deve ser encarada sob dois aspectos. O primeiro, já abordado, é mais técnico e vinculado rigorosamente ao processo editorial. O segundo, mais amplo, diz respeito ao processo geral de readequação do texto ao seu gênero textual e ao veículo ou suporte de publicação. Neste segundo caso, incluem-se os processos de revisão textual não estritos ao campo editorial profissional – editorial e jornalístico –, mas ligados a todo gênero de texto mediado pela ação do revisor (como dissertações de mestrado, teses de doutorado e textos digitais) que venha a ser publicado.

> Em suma, a revisão textual é o processo pelo qual um original é readequado de modo a tornar-se melhor do que era do ponto de vista formal, estilístico, gramatical e pragmático por meio de processos de comparação, transformação e aprimoramento textuais.

1.2 Funções da revisão textual

Imagine que um mestrando o(a) procure para revisar a dissertação que ele acabou de escrever. Ele lhe pede uma revisão ortográfica. Você replica: "Só quer que eu faça a correção gramatical, certo?". "Não", ele diz. "Gostaria que você também desse uma espiada nas referências bibliográficas". Para adiantar as negociações, você pede a ele que lhe envie o texto por *e-mail* a fim de analisá-lo.

Dias depois, você retorna e explica-lhe que vai precisar padronizar o texto todo, não só as referências, mas também as grafias (como siglas, abreviaturas, nome de cidades e de etnias), uso de letras maiúsculas, minúsculas e itálicos, pois não há homogeneidade de critérios gráficos na dissertação. Além disso, você diz que terá de reconstruir alguns trechos para melhorar o estilo. O cliente concorda e você faz o trabalho.

Você, então, começa pela homogeneização de forma (padronização) e de conteúdo (hierarquia e coerência textuais) e passa para as revisões de estilo, ortografia e padronização. Como você deve ter percebido, esse trabalho envolve várias tarefas, muitas delas sob o rótulo *revisão textual*.

A situação imaginada nos parágrafos anteriores, muito frequente na realidade, envolve processos que técnica e profissionalmente costumam ser separados, pois são procedimentos que nem sempre são executados em uma mesma etapa de uma produção editorial, tampouco pelo mesmo profissional.

Para compreender melhor as funções desses profissionais, vamos agora separá-las didaticamente. Mais adiante, nos Capítulos 4 e 6, detalharemos seus processos.

1.2.1 Preparação/revisão de originais e revisão de provas

Em uma editora, as funções de um preparador e de um revisor de textos geralmente são distintas. João Bosco Medeiros (2002, p. 28) aponta três funções do revisor de provas – conferir, comparar e assinalar: "Conferir a fonte e todas as determinações estabelecidas, como mancha, espaços interlineares, de seções, formatação das ilustrações; comparar o texto original com as provas; assinalar erros de digitação e gramaticais". Nesse caso, a revisão começa só começa depois de o texto ter sido normalizado e preparado.

Para Plínio Martins Filho (2016, p. 246), também compete ao revisor de provas "apontar erros ortográficos e gramaticais que porventura ainda existam no texto", além de verificar se a prova e o original obedecem à mesma composição gráfica.

Entretando, como vimos, a revisão textual também ocorre na preparação de textos. Esse trabalho, segundo Martins Filho (2016, p. 151), inclui "a normalização, a revisão ortográfica, a revisão de estilo (escrita), a revisão técnica [...]". Portanto, a revisão textual ocorre tanto na preparação de textos quanto na revisão de provas. Podemos, então, esquematizar as funções da revisão textual conforme o quadro a seguir.

Quadro 1.1 – Funções da revisão textual

Revisão de originais ou preparação de textos	Revisão de provas
Normalização do original	Revisão da normalização
Revisão ortográfica	Conferência de elementos gráficos
Revisão estilística	Comparação do texto original com as provas
Revisão técnica	Marcação de erros de digitação e ortográficos
Revisão de tradução	

A revisão textual feita nos originais pode levar a alterações no texto do autor. Isso acontece quando se faz a revisão de estilo ou a revisão técnica, que implica mudanças na ordem de apresentação de conteúdos, na exposição de conceitos e, consequentemente, na redação do texto. Na revisão de provas, o trabalho principal é conferir a fidelidade da prova ao original, sem alterações significativas. Assim, dependendo da situação em que se encontra o revisor, ele executa tarefas de preparador de textos ou de revisor de provas. Na situação exemplificada anteriormente, aquela da dissertação de mestrado, você estaria realizando uma preparação/revisão de originais.

1.2.2 Revisão técnica e revisão de tradução

A revisão técnica consiste em uma releitura conceitual do original. Deve ser feita antes da revisão da primeira prova, pois pode exigir muitas mudanças no texto. É arriscado, por exemplo, fazer a revisão técnica depois da primeira ou da segunda prova porque, se o revisor técnico fizer muitas mudanças, a numeração de páginas pode mudar e gerar outros impactos na obra.

Em geral, a revisão técnica não é realizada por um revisor profissional, e sim por um especialista no assunto do livro. Por exemplo, um texto filosófico francês vertido para o português por um tradutor que não seja da área geralmente passa por uma releitura de um filósofo ou de um professor de filosofia que seja especialista no assunto ou no autor traduzido.

Do mesmo modo, uma tradução do inglês para o português de um livro de cosmologia feita por um tradutor leigo também deve passar pela revisão técnica de um especialista. A revisão de tradução é feita por um revisor ou um tradutor profissional que conhecem a língua-fonte do texto. Nela, o revisor verifica se nenhuma parte do original foi suprimida na tradução e busca possíveis falhas, como a escolha equivocada de um termo por causa de falsos cognatos, construções sintáticas da língua original que costumam criar problemas e erros gramaticais e ortográficos.

1.3 Preparação de originais e copidesque

No processo editorial, há duas ações que muitas vezes se confundem, aproximando-se e afastando-se, dependendo da tradição em que o editor ou o revisor se insere: a preparação de originais e o copidesque. Esses dois processos envolvem a edição de textos e podem ser realizados por um profissional graduado em Letras ou Jornalismo – ou mesmo de outras áreas, pois para executá-los são necessários conhecimentos linguísticos, literários e editoriais que podem ser adquiridos pela experiência. Conforme Morissawa (2015c, p. 20), "Muito mais do que deter o domínio de normas e de sua aplicação correta no texto, o preparador de originais precisa ser um indivíduo de boa formação cultural, perspicaz, paciente e de bom senso".

A preparação, como explicado anteriormente, envolve a aplicação dos critérios de normalização (grafias, siglas, citações e numerações), a revisão ortográfica, a revisão de estilo e, quando necessário, as revisões técnicas ou de tradução.

Mas e o *copidesque*? Este é um termo impreciso, difícil de definir. A palavra tem origem nas redações de jornais, do inglês *copy desk*, que se refere à mesa de trabalho ou ao setor do jornal em que "se editam matérias para publicação" (IAH, 2020). O significado mais corrente, porém, diz respeito a uma intervenção mais radical no texto. Em outras palavras, é uma super-revisão de estilo.

O copidesque é realizado, em geral, em textos que precisam ser adaptados ao público, como um relato cru que chega à redação sem os cuidados discursivos e pragmáticos necessários para atingir o público do periódico. Os rabiscos do repórter eram transformados em texto jornalístico por um redator do jornal, profissional mais ligado à produção textual do que o repórter. Hoje, esse processo desapareceu nos jornais, mas permanece em outros domínios.

Isso ocorre, por exemplo, quando um discurso feito oralmente tem de ser transformado em texto escrito para então ser publicado. O mesmo se dá em uma entrevista gravada ou anotada pelo entrevistador (um jornalista ou um pesquisador). Em qualquer uma dessas modalidades será necessário um copidesque.

Outro caso é a adaptação ou transformação de uma dissertação de mestrado ou tese de doutorado em livro. Esse processo exige uma profunda readequação de estilo, de modo a tornar o texto legível para um público não acadêmico. Isso também pode acontecer com materiais escritos por pessoas que não são profissionais da escrita, como músicos, atores e médicos ou mesmo com qualquer outro texto que o editor considerar ruim para ser publicado do modo como está.

O copidesque difere da revisão de estilo em termos de grau. Para Martins Filho (2016, p. 173), o copidesque é o "grau máximo de interferência do preparador, quando trechos inteiros do original são reescritos [...]". A revisão de estilo a princípio busca cuidar da "qualidade do texto e do idioma" (Martins Filho, 2016, p. 171) sem propriamente reescrevê-lo. O copidesque ocorre durante a revisão dos originais. Em uma grande editora, o copidesque e a preparação geralmente são feitos pela mesma pessoa. A revisão de provas é realizada por outro profissional, muitas vezes um *freelancer*. Na revisão textual de uma dissertação de mestrado (situação que imaginamos no início deste capítulo), essas duas ações, quando necessárias, costumam ser executadas pelo mesmo profissional.

Neste capítulo, abordamos a abrangência da revisão textual. Realizada em etapas distintas da edição de texto, essa atividade se aplica a diversas formas de textos impressos e digitais. Por essa razão, o processo de revisão textual varia de acordo com o suporte e o gênero textual a ser revisado.

A revisão textual tradicionalmente divide-se em revisão de originais e revisão de provas. Na revisão de originais, ocorre a preparação de textos, quando se "escaneia" o estilo e se executam a normalização e as correções gramatical e ortográfica do original. A revisão de provas ocorre posteriormente, quando se compara o material preparado com a versão diagramada.

A revisão textual, portanto, é o processo por meio do qual um original é readequado segundo normas de padronização, estilísticas, gramaticais e pragmáticas, empregando-se processos de comparação, transformação e aprimoramento textual.

Entre as funções da revisão estão a inserção das normas editoriais (iniciais maiúsculas/minúsculas, grafia de nomes, siglas e abreviaturas), a revisão da ortografia (grafia e acentuação das palavras), a conferência de elementos gráficos (tipos, fontes e entrelinhamento), a observação da adequação estilística, a precisão conceitual, a fidelidade do texto composto em relação ao original e a correção de erros de digitação, ortográficos e gramaticais. Essas funções englobam tanto a preparação/revisão de originais quanto a revisão de provas.

Outra tarefa que costuma ser realizada pelo revisor é a de copidesque, que podemos definir como uma super-revisão de estilo. Essa ação ocorre quando é necessário reescrever de forma radical um texto para que ele se adapte ao suporte no qual será publicado ou ao público a que se dirige. Acontece, por exemplo, quando transforma-se uma tese de doutorado em livro, adapta-se uma entrevista gravada ou mesmo um discurso, uma palestra ou um seminário cuja origem é oral e sem base escrita prévia para um suporte escrito.

A revisão textual, portanto, vai da transformação de um registro textual a outro, passando por uma rigorosa adequação linguística e estilística (que pode transformar radicalmente o texto, se necessário), até a correção de erros gráficos, gramaticais e digitais.

ATIVIDADES DE AUTOAVALIAÇÃO ———————————

1. Leia o trecho a seguir:

> Por uma tendência natural da divisão de trabalho dentro das editoras, a edição de texto ganha formas cada vez mais definidas. Pode-se dizer que nessa etapa se definem as linhas gerais da lida com o manuscrito, o aparato que deve acompanhá-lo, a organização ideal das partes constitutivas, o estilo editorial, a sistemática dos componentes e muitas vezes até mesmo o registro linguístico. E, de comum acordo com os envolvidos na produção gráfica, também se estabelecem os detalhes gráficos do livro. (Morissawa, 2015a, p. 9)

A citação apresentada descreve o momento em que o texto chega às mãos do editor. Do ponto de vista dos processos de revisão textual, como é chamada a primeira etapa de revisão?

a) Submissão de artigo.
b) Parecer editorial.
c) Revisão de provas.
d) Tradução.
e) Preparação de originais.

2. Leia o trecho a seguir:

> O editor de texto como preparador de originais não é ainda hoje algo definido no confuso organograma da maioria das editoras. A tendência, no entanto, como já foi dito, é a separação das incumbências desse elemento fundamental na editoração, com a criação cada vez mais aceita de um corpo de preparadores de originais, para o qual fica destinada a realização da atividade específica de normalização. Isto sem contar que há

sempre a possibilidade de ainda existir a necessidade de um corpo de redatores ou de a função de redigir ser entregue ao preparador. (Morissawa, 2015c, p. 19)

As funções do preparador de originais e do revisor de provas são diferentes. Sobre as atividades desses profissionais, leia as afirmativas a seguir e indique se elas são verdadeiras (V) ou falsas (F):

( ) A principal função do preparador é comparar o texto do autor com uma versão impressa diagramada.

( ) Uma das funções do revisor de provas é reescrever o texto original quando este apresentar problemas de redação.

( ) O preparador deve observar questões gramaticais, estilísticas e de padronização, entre outras.

( ) O revisor de provas tem três funções importantes: conferir, comparar e assinalar o que deve ser corrigido no texto.

Assinale a alternativa que apresenta sequência correta:

a) V, V, F, F.
b) F, F, V, V.
c) V, V, V, F.
d) F, F, F, V.
e) V, F, V, F.

3. Leia o trecho a seguir:

Escusa ressaltar que, nas obras científicas, técnicas e de erudição, o escolho principal da tradução é a rigorosa e sistemática concordância da nomenclatura. Por exemplo, um texto inglês original em que *change* se carregar de um conteúdo nocional que se possa correta e exatamente exprimir em português por "modificação", esta e tão somente esta palavra deve ser empregada em português para aquela; se, ao contrário, "câmbio" for a indicada, devê-lo-á, nessa acepção técnica, ser sempre a empregada; se, ainda, for "substituição", a mesma constância deverá ser seguida, evitando-se a imprecisão da nomenclatura. (Houaiss, 1983, p. 25)

Com base no trecho citado e nos conteúdos do capítulo, analise as afirmativas a seguir sobre as modalidades de revisão:

I) A revisão técnica é realizada por alguém que conhece muito bem o assunto do texto.

II) A revisão de tradução só pode ser realizada por um profissional que conheça muito bem a língua original do texto traduzido.

III) O revisor de tradução deve conferir se todo o original foi traduzido e se nenhum trecho do texto foi suprimido.

IV) Há cinco modalidades de revisão textual: de originais, de provas, técnica, de tradução e de referências bibliográficas.

Estão corretas apenas as afirmativas:

a) I e III.
b) II, III e IV.
c) I, II e IV.
d) I, II e III.
e) I, III e IV.

4. Leia o trecho a seguir:

> O processo de revisão não envolve apenas o conhecimento do idioma (mais uma vez, essa é somente uma das peças do todo), mas discernimento para propor correções pertinentes, paciência para trabalhar textos de baixa qualidade e muito tato para enviar *feedbacks*, principalmente quando não são agradáveis.
> (Machado, 2017)

O trecho descreve as habilidades que um revisor deve adquirir em seu ofício, entre elas a "paciência para trabalhar textos de baixa qualidade". Qual atividade se adéqua corretamente à "revisão de textos de baixa qualidade"?

a) Copidesque.
b) Revisão de tradução.
c) Revisão de provas.
d) Revisão tipográfica.
e) Revisão técnica.

5. Leia o trecho a seguir:

> A tarefa do revisor, portanto, além de incluir o cuidado para não ferir a susceptibilidade de quem escreve, consiste em saber delinear a frágil fronteira entre o estilo e a inadequação linguística. Há que vagar, então, pelo nebuloso caminho da subjetividade, sem perder de vista o objetivo do trabalho. É esse o fator que faz com que o revisor, muitas vezes, se engane, e, por excesso de cuidado, acabe por subtrair ao leitor o que Roland Barthes denominou de "prazer do texto". (Perpétua, 2015, p. 78)

Entre as situações que envolvem a necessidade do copidesque, podemos mencionar a:
a) revisão de provas.
b) normalização ortográfica.
c) adequação escrita de entrevista gravada.
d) normalização gramatical.
e) diagramação.

ATIVIDADES DE APRENDIZAGEM ————————————————

Questões para reflexão

1. Leia o trecho a seguir:

> Tanto Cide como Jiro Takahashi mencionaram o fato de esse trabalho [a revisão textual] ser feito, em geral, por profissionais terceirizados, mal remunerados. À precarização se alia ainda à já mencionada indefinição de suas funções, com implicações não só para o produto final, como também para as próprias condições de trabalho do preparador. (Cardoso, 2020, p. 13)

No trecho, são discutidos os problemas e os dilemas da profissão de revisor de textos. Com base no exposto, reflita sobre os pontos positivos e negativos da indefinição das funções desse profissional.

2. Imagine que você foi contratado(a) para fazer a revisão gramatical de um artigo cujo tema você denomina. Ao ler o texto, você percebe que será preciso ir além, ou seja, você terá de analisar e corrigir o conteúdo do material. Como você chamaria esse trabalho?

Atividade aplicada: prática

1. Leia o trecho a seguir:

Nas editoras, o preparador é aquela pobre alma responsável pela primeira revisão de um livro, ainda no arquivo de Word. É a mais trabalhosa, que busca limpar o texto, corrigi-lo e aperfeiçoá-lo. O trabalho de preparação consiste em adequar o original às normas editoriais, seguindo um gigantesco manual de padronização que dispõe sobre citações, versaletes, colocação pronominal, pontuação, galicismos, siglas, topônimos estrangeiros e coisas como o singular de "gnocchi", que é "gnocco" e não pode ser aportuguesado para "inhoco".

Trata-se de uma leitura atenta, escorada por vasto material de apoio e dicionários vernáculos. Inúmeros detalhes devem ser considerados – itens como sintaxe, coerência, ortografia, ambiguidade, repetição desnecessária, vícios de linguagem, ecos de língua estrangeira, falsos cognatos, ritmos frasais e outras questões de cunho literário. O texto deve fluir bem, sem engasgos.

É obrigação do preparador formatar o arquivo original e bater todos os parágrafos (verificando se o tradutor não pulou nenhum trecho). Essa é uma tarefa particularmente apreciada pelos mais neuróticos, que ajeitam quebras de página e formatam títulos com o entusiasmo de quem toma Berlim. (Barbara, 2011)

O texto escrito por Vanessa Barbara – jornalista e escritora paulistana – descreve de forma bem-humorada a preparação de texto. Note que a autora enfatiza a complexidade da tarefa e o grau de detalhamento a que chega esse profissional.

Escreva três parágrafos com o mesmo tom sobre a revisão de provas. Procure sintetizar essa etapa como fez a autora e incluir as tarefas mais importantes dessa etapa de revisão.

A HISTÓRIA DOS SUPORTES DA ESCRITA

2

"Nada mais pode me dar mais fama: de mão em mão meus livros vão para todos os lugares."

Marco Valério Marcial, epigramatista latino do século I

"A conclusão é sempre idêntica: a significação ou, antes, as significações, histórica e socialmente diferenciadas de um texto, seja qual for, não podem ser separadas das modalidades materiais por meio de que o texto é oferecido aos leitores."

Roger Chartier, historiador

Conhecer a revisão textual implica falar na história dos suportes e dos profissionais do texto. Michel Melot (2012) observa que, até o surgimento da informática, o livro era o portador natural dos conteúdos escritos; seu formato em cadernos regulava o fluxo da escrita por meio da capa, das margens e dos paratextos. Essa concepção é a base para outros suportes, como jornal, cordel e relatório, que imitam a estrutura do livro.

Contudo, a nova forma de gravar, transmitir e comunicar a escrita criada pela *web* evidenciou que não é da natureza textual submeter-se à normatização do livro. Melot (2012, p. 39) é incisivo: "Não, a escrita não se reduz ao texto, nem o texto ao livro. Do oral à escrita, em seguida, da escrita ao livro, o caminho é longo e, de um ao outro, a escrita se submeteu ao que podemos chamar de mutações, no sentido darwinista do termo".

Quando se emprega um suporte para ler algo, está-se diante de um artefato construído historicamente. Nessa elaboração, existe o trabalho de vários profissionais, entre técnicos e intelectuais, que deram diferentes soluções materiais para que a escrita se fixasse da forma mais perene possível e pensaram nos meios mais adequados para o texto escrito se organizar do modo mais legível possível.

Quatro etapas foram decisivas para o estabelecimento do texto do ponto de vista material e intelectual. A primeira ocorreu em Alexandria, no Egito, quando bibliotecários e filólogos reuniram as principais obras escritas na Grécia Clássica e as editaram. A segunda, que começou na Antiguidade e atravessou a Idade Média, é representada pelo códice, artefato confeccionado por folhas dobradas, reunidas em cadernos costurados e limitadas por duas capas. A terceira etapa corresponde à possibilidade, no século XV, de produzir rapidamente milhares de cópias de uma obra por meio de uma impressora de tipos móveis. A quarta etapa, que começou em meados do século XX e que vivemos atualmente é a capacidade de difundir instantaneamente um texto para qualquer parte do planeta por meio da rede mundial de computadores.

A comunicação realizada mediante a escrita pode ser feita por meio de três suportes: o *manuscrito*, que vigorou até o século XV; o *impresso*, que deste século até hoje serve-nos para esse fim; e o *digitoscrito*, texto registrado por meio de computador (Cambraia, 2005). Houve e há outras formas, como o *datiloscrito*, texto firmado por máquina de escrever e praticamente extinto.

Cada uma dessas fases está relacionada a um contexto social e histórico que explica por que determinados materiais, meios e formas de discurso foram adotados em detrimento de outros e também está associada ao trabalho dos profissionais do texto.

Neste capítulo, discutiremos como um dos primeiros suportes da escrita, em especial o rolo ou volume, está associado aos filólogos (ou gramáticos); o códice, aos copistas; o livro, aos impressores; e as novas mídias, aos editores. Essa classificação, porém, é estabelecida apenas para fins didáticos, com o objetivo de indicar os profissionais centrais em cada etapa, pois os editores também estão ligados ao livro e mesmo ao rolo e ao códice, assim como os filólogos vinculam-se aos livros impressos e digitais.

Você deve estar se perguntando: E o revisor de textos? Ele está presente desde o começo dessa história, ora compartilhando seu ofício com o filólogo, ora com o copista, ora com o editor, conforme veremos a seguir.

2.1 O rolo (ou volume) e os filólogos

2.1.1 O suporte

O rolo, também conhecido como *volume*[1], não foi o primeiro suporte da escrita. Pedras, pedaços de argila e tábuas cobertas de cera também serviram à produção escrita. O que o volume trouxe de novo foi a concepção de livro, ou seja, de "reprodução escrita de um texto [...] destinado a ser divulgado sob forma portátil" (Labarre, 1981, p. 2).

O volume, ao que tudo indica, surgiu no Egito por volta de 3000 a.c. Com o papiro, junco que crescia às margens do Rio Nilo, foi possível criar folhas suficientemente firmes e porosas para receber a pressão do cálamo (instrumento que rabiscava os hieróglifos) e a massa de tinta sobre elas. O papiro também era flexível o suficiente para ser enrolado e desenrolado durante a leitura.

Os volumes geralmente eram compostos por cerca de 20 folhas de 15 cm a 17 cm de altura, coladas umas às outras. Em média, cada rolo alcançava entre 6 m e 10 m de extensão (Labarre, 1981, p. 9). Nas extremidades, havia uma vareta de madeira ou de osso, em volta da qual essas folhas eram enroladas. Lia-se na direção horizontal, segurando-se o volume com as duas mãos: enquanto uma desenrolava, a outra enrolava o que já havia sido lido. Expressões latinas que atravessaram séculos remontam a esse ato de ler até o final, como *explicare volumen* ("desenrolar o volume") (Spina, 1977) e *explicitus est liber* ("o livro foi desenrolado") (Dias, 2007). Esse formato resistiu até o século V, sendo superado pelo códice, embora possa ser encontrado até hoje na forma de livros litúrgicos, como a Torá, livro sagrado dos judeus e que contém os primeiros cinco livros da Bíblia hebraica.

Os rolos dividiam a obra em várias partes. Raramente um volume correspondia à obra toda. Segundo Alberto Manguel (1997, p. 151), a divisão da *Ilíada* em 24 cantos se deu porque eles

---

1 O suporte era conhecido como *rotulus* ou *volumen* (do verbo *volvere*, isto é, "enrolar") (Spina, 1977).

ocupavam 24 rolos. Essas divisões eram denominadas *livros* e não tinham subtítulos, pois eram separações demandadas pela lógica do suporte, não das ideias. Assim, o suporte pressionava a escrita – e, por extensão, o texto – a organizar seu conteúdo de acordo com a formatação requerida pelo rolo (Melot, 2012).

No século III a.C., um novo material deu mais resistência ao rolo: o pergaminho. Acredita-se que ele tenha sido inventado na cidade asiática de Pérgamo, daí o nome. Feito de pele animal, além de ser mais resistente permitia que a escrita fosse apagada e outro texto lavrado por cima. O pergaminho foi empregado com grande sucesso na confecção do códice, como veremos mais adiante.

2.1.2 Os profissionais do texto

Obras gregas e latinas como *Odisseia*, *A República*, *As nuvens* e *O anfitrião* foram preservadas por meio de cópias registradas em volumes de papiro ou pergaminho. Embora não haja qualquer exemplar original dessas obras, pois algumas não foram escritas, mas registradas pela transmissão oral, e outras se perderam, é possível lê-las atualmente em virtude do trabalho de filólogos. Graças a eles, as cópias de uma obra que circulavam sobretudo nos territórios gregos e romanos foram comparadas, confrontadas e textualmente organizadas de modo a se estabelecer uma matriz, ou seja, um original e, com base nele, produziram-se cópias mais homogêneas por meio das quais essas obras chegaram até nós.

Esses amantes das palavras (*filo*: "amar"; *logos*: "palavra", "discurso") trabalhavam na biblioteca de Alexandria, no Egito. Criada em 325 a.C. pela dinastia dos Ptolomeus, guardava mais de meio milhão de volumes. Não se sabe ao certo quantos títulos havia na biblioteca, pois é impossível identificar quantos deles faziam parte de uma obra só e quantos seriam cópias de uma mesma obra (Cambraia, 2005). Além disso, a biblioteca foi incendiada em 47 a.C. durante uma guerra entre romanos e egípcios.

Centenas de profissionais, entre bibliotecários, copistas e sábios (o que chamamos hoje de *pesquisadores* ou *intelectuais*), eram os responsáveis por salvaguardar essas obras e torná-las disponíveis para os leitores. Os filólogos estabeleciam os textos clássicos – isto é, fixavam, entre várias versões de uma obra, uma que fosse o mais fiel possível ao original. Essa era uma tarefa bastante complexa, pois os manuscritos dessas obras variavam muito e era preciso definir critérios que justificassem as opções dos filólogos.

O trabalho desses profissionais consistia em consultar as cópias demorada e minuciosamente. Para compará-las, o filólogo devia ser um erudito, ou seja, tinha de conhecer várias línguas, em especial o grego clássico, e ter conhecimento de história, literatura e paleografia para emitir um parecer a respeito do livro. Falava-se grego em Alexandria, mas um grego distante daquele que se empregava nos séculos VIII a.C., VII a.C. e VI a.C. São mais de três séculos de diferença.

Segundo César Nardelli Cambraia (2005, p. 38-39), uma das contribuições dos filólogos alexandrinos, que se dedicaram em especial à obra de Homero, foi a elaboração de um sistema de crítica ou correção "baseado na utilização de sinais com a finalidade de explicitar seu julgamento quanto à genuinidade do texto". Essa busca pelo texto genuíno deu origem a um conjunto de métodos que podemos comparar ao trabalho do atual revisor de originais, já que ao fim editava-se o texto que serviria de matriz para os copistas (Araújo, 2008).

O trabalho dos filólogos, portanto, tinha como objetivo a **recuperação do texto original**, seguida de sua classificação, compreensão e explicação. Segismundo Spina (1977, p. 61) ressalta que "o labor desses eruditos consistiu em catalogar as obras, revê-las, emendá-las, comentá-las [...] tudo isso complementado com excursos biográficos, questões gramaticais e até juízos de valor de natureza estética".

Entre os resultados desse trabalho estão os critérios de uniformização textual que serviram de base para a cópia e a revisão dos originais. Por exemplo, a gramática, que em sua origem significa a "arte de escrever", começou a ser desenvolvida por esses bibliotecários, que se tornaram os primeiros estudiosos da língua. Para decidir qual passagem do texto era mais fiel ao espírito original, o filólogo deveria conhecer bem a gramática da língua em que ela foi escrita.

Esse estudo criterioso dos textos levou-os a descrever e a comentar o grego clássico. Eles analisaram e classificaram a ortografia, a distribuição das palavras por classes (nomes, pronomes, verbos, advérbios, conjunções etc.), a sintaxe das orações simples (sujeito, predicado, complementos, adjuntos) e complexas (coordenação e subordinação), a métrica, o uso das figuras de linguagem e as características estilísticas. Com isso, instituíram a gramática quanto um conjunto de regras a serem seguidas no estabelecimento de textos, criando a divisão entre textos certos e errados, ou seja, dentro da norma ou fora dela.

É nesse espaço da norma que a revisão textual acontece, especialmente relacionada às questões linguísticas, tanto gramaticais quanto estilísticas. Segundo Maria Helena de Moura Neves (2002, p. 49), o trabalho do filólogo oferece "os padrões de linguagem dessas obras consideradas excelentes, padrões que contrastam com os da linguagem corrente". A tradição filológica, então, levou à divisão que se estabeleceu no Ocidente entre língua erudita e vulgar, formal e informal, padrão e não padrão. É nesse espaço que o revisor vai atuar, ainda não separado do filólogo e do gramático, algo que só acontecerá na Idade Média, nos escritórios de produção de manuscritos em que trabalham juntos copistas, miniaturistas, iluminadores e revisores.

2.2 Códices e copistas

Atualmente, quando empregamos a palavra *escritório*, nos referimos a uma sala ou a um conjunto de salas destinadas à realização ou à administração de negócios e nos esquecemos de que na raiz desse termo está a palavra *escrita*. Em sua origem, o *scriptorium* era a oficina na qual se produziam livros – ou melhor, códices – na Idade Média. Nela, monges, clérigos e padres liam, conferiam, copiavam, ilustravam, organizavam e revisavam textos.

O escritório, portanto, era o espaço destinado à confecção de um suporte da escrita. Muito diferente do volume, o códice tinha sua estrutura baseada na dobra da folha, ou seja, na possibilidade de se formar cadernos por meio da dobra de folhas de papiro, pergaminho ou papel. Costurados, os cadernos recebiam uma capa que permitia o manuseio da obra com apenas uma mão enquanto a outra ficava livre para fazer anotações. Além dessa vantagem, muitas outras desenvolviam-se à medida que o emprego do códice aumentava, o que suplantou o emprego do volume e preparou o terreno para o surgimento do livro impresso.

2.2.1 Os cristãos e o códice

Acredita-se que o imperador romano Júlio César foi o primeiro a dobrar uma folha e escrever sobre ela. Sabe-se, por vários depoimentos, que o códice já circulava em boa quantidade na Roma do século II. Melot (2012) menciona a existência de dez códices em um catálogo de um livreiro daquela cidade nesse período. Os raros códices encontrados em escavações arqueológicas datam do século II. E são todos de textos cristãos, acondicionados em códices de papiro. Conforme Emanuel Araújo (2008), o códice alcançava 16,8% da produção de livros no século III, e esse número saltou para cerca de 75% no século IV. Daí em diante, esse formato foi o que predominou até a chegada do livro impresso.

Assim como hoje alternamos diversos suportes de leitura (computador, *tablet*, livros e revistas), na Antiguidade e na Idade Média suportes distintos eram usados concomitantemente: rolos, códices e tábuas de madeira cobertas de cera, entre outros. O códice tornou-se o formato predominante a partir do século IV, sem fazer desaparecer o volume, cuja utilização se estendeu até o século V, quando passou a ser um formato especial e restrito a alguns escritos, sobretudo religiosos.

Alguns pesquisadores atribuem o sucesso do códice ao uso que os cristãos fizeram dele e às vantagens práticas que ele trouxe do ponto de vista material e editorial.

Os códices cristãos, em sua maioria, continham textos do Evangelho. Segundo Haelst, citado por Melot (2012, p. 28):

> o Evangelho não é um livro literário comum, é um manual de vida, sendo necessário seu uso constante tanto na liturgia quanto na vida privada. Além do mais, trata-se de um livro novo e, por isso, menos propenso às exigências culturais do *volumen*.

O códice era, para os cristãos, um vade-mécum, com o qual podiam orar onde estivessem, escondê-lo se necessário e distribuí-lo quando preciso.

Quando o imperador Constantino converteu-se ao cristianismo e o Império Romano caiu, invadido por povos do norte europeu, o cristianismo já estava enraizado e tornou-se a religião predominante entre os séculos V e XV em toda a Europa.

Editorialmente, o códice permitiu a escrita nos dois lados da folha; possibilitou, a partir do século V, a organização do texto em seções ou capítulos; facultou a opção de voltar ou pular trechos com rapidez na hora da leitura; e prestou bem à organização do texto em parágrafos. Tornou-se, enfim, um veículo adequado para a leitura silenciosa. Cambraia (2005, p. 70) descreve como o códice era confeccionado:

> Em vez de serem coladas pelas extremidades como antes, as folhas eram dobradas ao meio, formando um bifólio, e colocadas umas dentro das outras, constituindo assim um conjunto a que se chama de *caderno*. Os cadernos eram costurados pelo vinco da dobra, unindo-se uns aos outros e também a uma capa constituída de um material mais firme, como, por exemplo, placas de madeira.

Quanto mais vezes a folha era dobrada, menor ficava o formato do livro. Em geral, era dobrada uma, duas ou três vezes. Ao dobrar uma folha, ela gera um caderno com quatro páginas; ao dobrar duas vezes, oito; e, ao dobrar três vezes, dezesseis páginas. Inicialmente de papiro, os códices passaram a ser confeccionados em pergaminho e, depois do século XII, em papel.

Mais forte que o papiro, o pergaminho tornou o códice mais resistente e permitiu a reescrita. Em períodos em que esse material ficava mais raro, adotava-se a técnica de **raspagem**: apagar o texto original mecanicamente e aplicar um novo texto na superfície limpa. Esse método criou o que se denominou *palimpsestos*, palavra grega que deriva de *palim* ("novo") e *psestos* ("raspar") (Spina, 1977).

A produção desses códices na Idade Média divide-se em duas fases: período monástico, quando se copiavam códices para liturgias e estudos clericais; e período laico, momento em que a demanda vinha das universidades recém-criadas na Europa (Labarre, 1981). Em ambas as fases, trabalhava-se muito nos escritórios, verdadeiras oficinas de produção e reprodução de livros. Nesses lugares, atuavam profissionais como *armarius*, copistas, rubricadores, iluminadores, miniaturistas e revisores, conforme veremos a seguir.

2.2.2 O escritório e os profissionais do texto

Na Idade Média, escrever ou copiar eram atividades extenuantes. Para um monge que servia a Deus, era uma atividade física que servia de contraponto aos exercícios espirituais. Há poucos depoimentos desses profissionais que trabalhavam nos *scriptoria* medievais. Um resistiu ao tempo e é bastante ilustrativo do esforço envolvido no ato de escrever ou copiar naquela época: "Oh, quão árduo é escrever: incomoda os olhos, quebra os rins, e de igual maneira abate todos os membros. Três dedos escrevem, todo o corpo trabalha" (Cambraia, 2005, p. 71)[2].

O copista – profissional central da confecção de manuscritos – escrevia olhando para um modelo, o exemplar. Este era amparado por uma estante ou tábua inclinada que ficava acima

---

2 Original em latim: *O quam gravis est scriptura: oculos gravat, renes fragit, simul et omnia membra contristat. Tría digita scribunt, totus corpus laborat* (Wattenbach, citado por Cambraia, 2005, p. 71).

de seus joelhos. Copiava o texto que via no livro matriz em um pergaminho, com uma pena de ganso embebida em tinta.

Essa atividade era realizada no interior de abadias e mosteiros europeus e orientais em espaços próprios a partir do século III e por toda a Idade Média. No fim do século XII, surgiram escolas na forma de corporações de professores e alunos ciosos de seus estudos. Em defesa da educação, criaram-se essas escolas, que foram as sementes das universidades. Escritórios urbanos passaram a fazer o que se realizava nas abadias, agora de forma mais expansiva, produzindo-se muito mais cópias (Labarre, 1981).

O supervisor dos trabalhos executados nos *scriptoria* era o *armarius*, geralmente um monge mais experiente. Ele cuidava do material para as cópias e da divisão do trabalho, além de controlar e verificar a execução das tarefas realizadas por copistas, rubricadores, iluminadores, miniaturistas e revisores (Cambraia, 2005).

Os copistas escreviam em cadernos separados, raramente em folhas encadernadas. Isso significava que diferentes copistas escreviam fora da sequência do original, que só era organizado quando se reuniam as folhas no final. Terminada a cópia, o rubricador inseria as letras capitais ou maiúsculas iniciais e outras notas (Spina, 1977). Em seguida, o iluminador decorava as letras capitais com imagens e o miniaturista desenhava as imagens ligadas ao conteúdo do texto. Só depois disso chamava-se o encadernador, profissional responsável por costurar os cadernos.

Nesse momento, entrava em cena a revisão textual. Albert Labarre (1981, p. 26) assim descreve essa etapa: "Por fim, o chefe da oficina ou um outro monge experiente procedia à revisão; esta consistia simplesmente em reler o texto para lhe eliminar os erros evidentes, ou em comparar a cópia com o exemplar reproduzido, para se assegurar da fidelidade da transcrição [...]".

Alguns monges podiam executar mais de uma tarefa. Um bom calígrafo e copista era capaz de iluminar um códice. O *armarius* podia revisar um texto, e assim por diante. De todo modo, a revisão, de forma semelhante ao que se faz hoje, começava a firmar seus métodos à medida que a demanda por livros crescia.

Com o surgimento das universidades, entre o fim do século XI e o início do século XII, a produção de cópias aumentou significativamente. Os estudos baseavam-se em comentários orais de diversos textos, daí a necessidade dos códices. Em Bolonha, Paris e outras cidades na quais as universidades se estabeleceram, surgiram os *stationari* e os livreiros, profissionais responsáveis pelo controle e pela difusão do códice. A fidelidade ao original era conferida pelos *stationari*, que também cuidavam da incrementação da circulação do livro, seja entre alunos e professores, seja entre leigos (em geral, membros da corte e os primeiros burgueses). As universidades delegavam a um profissional a responsabilidade de guardar e reproduzir os textos da bibliografia estudada. Os *stationari* os alugavam inteiros ou em partes. Assim, era possível que diversas pessoas copiassem, simultaneamente, partes distintas do mesmo exemplar. Isso ajudava na multiplicação de cópias razoavelmente padronizadas, pois estas vinham todas do mesmo original.

Esse processo veio acompanhado da organização do texto. Ao mesmo tempo em que se sofisticavam as técnicas de encadernação e iluminação, também se desenvolviam as formas de editoração do texto.

Primeiro, foi preciso separar as palavras entre si, ou seja, inserir espaços entre elas. Esse artifício foi o primeiro passo para romper com a escrita contínua, destinada à leitura oral. A escrita descontínua, pouco a pouco, permitiu a leitura silenciosa e individual. O espaçamento entre os vocábulos escritos foi adotado no século VII porque os monges irlandeses não compreendiam bem o latim e essa separação ajudava-os na leitura e na produção de cópias de manuscritos (Melot, 2012).

Nessa transição entre a leitura oral e a silenciosa, começaram-se a adotar novos meios gráficos. Dessa vez, não mais para indicar pausas na leitura, e sim para estabelecer articulações de sentido. O ponto final começou a ser usado gradualmente entre os séculos IV e VII e foi indicado por sinais diferentes até adquirir a forma atual. Já a vírgula começou a ser indicada a partir do século IX por diferentes sinais até tomar a forma que conhecemos hoje (Spina, 1977).

De acordo com Melot (2012), entre os séculos V e X os livros passaram a ser separados por capítulos. No século XIII, essa divisão já era pensada em termos de um plano geral, não como uma mera sucessão linear sem subordinação lógica dos temas. Exemplo disso é a *Suma Teológica*, de São Tomás de Aquino, escrita entre 1265 e 1273. Melot (2012, p. 75) observa que, acompanhando essas divisões, criaram-se também os "parágrafos e, para assinalar as articulações, marcas coloridas (rubricas) e capitulares iluminadas".

Com isso, tornaram-se possíveis as remissões a partes da obra, ou seja, a menção a passagens do livro por meio da indicação dessas seções. Isso era impossível com os rolos, que eram navegados por meio de recursos mnemônicos (Melot, 2012). Assim, a tarefa da revisão textual ficou mais complexa, pois esses elementos são navegadores que têm relações diretas com o texto principal e o plano geral do livro. Esses elementos são os chamados *paratextos* (títulos, índices, sumários e notas), que se sofisticaram e se fixaram com o surgimento do livro impresso.

2.3 Livro impresso: tipógrafos, impressores e editores

O formato que superou o rolo passou, no século XV, pelo que hoje chamamos *up-grade*. Com a prensa, o códice sofreu uma forte atualização que o transformou no objeto que hoje denominamos *livro*. Não foi uma mudança radical como a do códice em relação ao volume, mas um processo que o tornou mais acessível e legível.

Os primeiros impressos eram reproduções mecânicas dos manuscritos medievais. Até os tipos procuravam reproduzir o estilo da caligrafia dos códices. A diferença estava na técnica, que não era mais artesanal, pois os livros agora eram feitos por máquinas (prensa e tipos móveis).

Os primeiros exemplares que saíram das tipografias alemãs, por volta de 1445, foram denominados *incunábulos*. As tiragens somavam centenas de livros, número que aumentava rapidamente.

Cerca de meio século depois da primeira impressão realizada em Mainz – a Bíblia impressa por Gutenberg e seus ex-sócios Fust e Schöffer, em 1456 –, já circulavam na Europa 200 milhões de livros impressos.

Em 1550, os manuscritos quase não eram mais produzidos, sendo consultados apenas por eruditos, e o livro impresso já havia tomado o lugar do códice (Febvre; Martin, 2017). Em 1513, por exemplo, Anton Koberger, um impressor de Nuremberg, possuía 24 prensas produzindo para ele e centenas de funcionários trabalhando nelas (Labarre, 1981). Analisaremos, a seguir, como se deu essa história e suas consequências para a atividade de revisão textual.

Os primeiros leitores dos impressos certamente não o estranharam, pois os livros conservaram a forma de apresentação do manuscrito (Labarre, 1981). Não é difícil imaginar essa situação, basta pensar nos atuais *e-books*, que ainda preservam a forma do livro impresso.

Esses novos formatos com aparência de antigos são os *incunábulos* (do latim *incunabula*, que significa "berço"), livros impressos até meados do século XVI (Labarre, 1981). A aparência ainda era a do códice no que se refere à diagramação e à organização, mas eles diferenciavam-se pelo material de que eram feitos e por elementos como o papel, os tipos e a prensa.

O papel e a prensa chegaram ao Ocidente por volta dos séculos XIII e XV. Vindos do Oriente[3], foram cruciais para o sucesso do impresso. O papel era mais barato e muito mais flexível que o pergaminho, condições fundamentais para a produção em alta escala que a nova técnica prometia. A prensa deve seu desenvolvimento à xilogravura, há muito tempo usada na China e na Coreia. Nessa região, já havia tipos móveis em madeira. Os tipos fundidos em uma liga de metal muito especial e própria para o processo de impressão sacramentaram o processo.

---

3 O papel foi inventado na China, na Dinastia Han (206 a.C.-220 a.C.) (Puchner, 2019).

O papel passou a ser produzido na Europa já no século XIII, na Itália; e a xilogravura, no século XV (Araújo, 2008). Entretanto, foram os **tipos móveis em metal** que aceleraram o processo e tornaram possível a impressão em grande escala.

Os tipos são unidades móveis, rigorosamente idênticas e fabricadas sobre uma liga de metal bem dura. Neles, encaixa-se um molde dentro do qual se despeja um material fundido feito da liga de chumbo, estanho e antimônio. Com isso, se reproduz ilimitadamente cada letra (o tipo), que é usada na composição das matrizes, sobre as quais se coloca tinta e, em seguida, o papel, que gravará o texto composto depois de pressionado pela prensa (Labarre, 1981).

O livro superou o códice e o incunábulo quando começou a incorporar a linguagem gerada pela tipografia. Gradualmente, passou a haver uma concepção mais visual, menos presa à palavra. Segundo Melot (2012, p. 80), "a tipografia, que compreende a partir de então mais signos mudos do que signos fonéticos, movimentou o texto do lado visual. A escrita se descolou da linguagem para se integrar à imagem".

O que resume a ideia do livro moderno é a **composição**, ou seja, "a escolha dos caracteres (os tipos) e de sua diagramação" (Genette, 2009, p. 35). A soma ou relação entre esses dois aspectos dá ao texto seu aspecto de livro. Dessa combinação, concebe-se a vinculação da escrita e do texto à imagem, concepção que a criação e a organização dos paratextos selará.

2.3.1 Os paratextos do impresso

Araújo (2008) lista as inovações gráfico-estéticas criadas pela tecnologia do impresso. O colofão surgiu em 1457. Nele vinham as informações acerca dos elementos tipográficos usados na impressão, como papel e fonte, além da data de impressão e da tipografia na qual o livro foi impresso. Em 1460, surgiu o prefácio e a folha de rosto integral apareceu em 1476, com nome do autor, título da obra, nome do impressor, cidade e data da publicação. Hoje paratexto corriqueiro, a folha de rosto é adotada inclusive em textos acadêmicos, de trabalhos de conclusão de curso a teses de doutorado.

Durante mais de três séculos as informações do livro foram fornecidas pela página ou folha de rosto, já que as capas eram de couro e nelas não se gravava texto algum. A capa impressa – em papel ou papelão – apareceu no começo do século XIX. Na França, as *Obras completas* de Voltaire, publicadas em 1825, foram a primeira edição com capa (Genette, 2009). Na esteira dessa criação, vieram a página de anterrosto ou olho, as guardas, a quarta capa e a orelha, formas que veremos mais adiante, quando nos detivermos na organização dos paratextos.

De acordo com Chartier (1994, p. 194), no século XVIII as mudanças operadas pela linguagem do livro impresso contribuíram para colocar lado a lado obras distintas, como relatos sobre a vida dos santos e romances picarescos. Todos os livros sofreram um processo semelhante e passaram a ser orientados por títulos, folhas de rosto, sumários e índices, estando agora organizados em capítulos, de modo a facilitar a leitura, cada vez mais difundida para além dos limites religiosos e da corte.

Outra mudança importante foi a numeração sequencial de páginas. Apesar de tecnicamente possível, a paginação era rara na Idade Média. Dificilmente um mesmo manuscrito coincidia com sua cópia do ponto de vista material, o que tornava a paginação pouco útil. Na época, usava-se um sistema de indicação das dobras para que os copistas e encadernadores não se perdessem ao produzir o códice. Contudo, era um sistema que organizava a produção do livro, e não a leitura.

Consolidada no fim do século XVI com o impresso, a paginação foi fundamental para o processo de indexação, citação e identificação de referências. Segundo Febvre e Martin (2017), o primeiro livro com páginas numeradas teria sido as *Cornucopiae* (em português, "Cornucópias"), de Niccolò Perotti, impresso e editado por Aldo Mannunzio em 1499.

A paginação tornou-se objeto de atenção da revisão textual, que devia estar atenta à correta correspondência entre os sumários e índices e as páginas de um livro. Hoje, nos formatos de arquivo disponíveis para leitores de livros digitais, a paginação vem desaparecendo, o que muda a forma de encontrar referências no livro ou no texto e o trabalho do revisor.

A linguagem do livro como o conhecemos consolidou-se aos poucos. O impresso procurou uma forma pautada pela legibilidade, tanto do ponto de vista da diagramação (visual) quanto da normalização (verbal). Mais legível que o gótico, o caractere romano sobrepôs-se aos demais em toda a Europa, com exceção da Alemanha. Segundo Febvre e Martin (2017), o texto deixou de ser apresentado em duas colunas e passou a ser diagramado em uma só, em linha corrida, e os espaços em branco ampliaram-se nas manchas para definir parágrafos e separar entrelinhas.

Essas inovações distinguiram o livro impresso dos códices e produziram o modelo que é utilizado até hoje. Mal comparando, é como se puséssemos lado a lado uma página de caderno escolar manuscrito e uma página de livro impresso – o formato do suporte textual é bem parecido, porém a composição do texto é diferente.

Entre os séculos XVII e XIX, o livro recebeu os influxos das novas conquistas tecnológicas: novas formas de diagramação; criação de tipos; e industrialização do processo editorial, com a invenção de novos maquinismos para a composição e a impressão, como a linotipo e as rotativas (fundamentais para a expansão dos jornais).

2.3.2 Profissionais do texto impresso

Sai o escritório, entra a oficina tipográfica. A divisão do trabalho aumentou e os tipos de profissionais diversificaram-se em relação à produção dos manuscritos. Um aspecto, porém, perdura: o labor difícil e exaustivo. Labarre (1981, p. 68) assinala que:

As condições de trabalho eram duras na imprensa. A tarefa divide-se entre o compositor, sentado, depois em pé defronte da caixa; o tirador, que manobrava a prensa de imprimir, enquanto outro companheiro entintava as fôrmas e, por fim, o revisor, que maioria das vezes era mestre da imprensa.

O profissional do texto (o revisor) aparecia no final. O compositor era fundamental, pois passava o texto original (manuscrito) para a matriz, organizando os tipos e a diagramação, mas não era propriamente responsável pela qualidade e correção do texto.

Um dos revisores mais antigos do impresso de que se tem notícia é P. Prielis, de Mainz, que emendou o *Psalterium benedictinus* (*Saltério beneditino* ou *Livro de salmo beneditino*), de 1459, impresso pelos dois ex-sócios de Gutenberg, os tipógrafos-impressores Johannes Fust e Peter Schoeffer. Segundo Thérive, citado por Houaiss (1983, p. 68), vários membros do alto clero aparecem nas listas dos revisores de originais dos primeiros livros impressos. A tarefa deles era semelhante à dos filólogos alexandrinos: "estabelecer o texto, no sentido científico da palavra, em suma, escolher uma espécie de vulgata definitiva". O autor ainda relata que o corretor começou a se profissionalizar já no fim do século XVI, muito provavelmente era oriundo das corporações de produção de manuscritos.

Esse corretor, segundo Houaiss (1983), se parece mais com o atual preparador ou editor de textos ou com o filólogo ou gramático alexandrino. Pessoas como Erasmo de Roterdã (1462-1535), autor do *Elogio da loucura*, e Tommaso Campanella (1568-1638), autor de *A cidade do sol*, estavam entre os contratados pelos editores-impressores ou editores-tipógrafos para preparar originais antes de estes irem para o prelo. Conforme Araújo (2008), Erasmo de Roterdã preparou uma edição bilíngue em grego e latim do Novo Testamento em 1516.

Havia ainda os artesãos eruditos, como o italiano Aldo Manuzio, criador do tipo itálico e grande editor no período do Renascimento. Segundo Kate Clair e Cynthia Busic-Snyder (2009), ele foi rigoroso no estabelecimento de padrões de ortografia e estilo e um revisor muito criterioso.

À medida que as tipografias cresciam, começaram a ser vistas como editoras e o empreendimento tomou o lugar do sistema semi-industrial que caracterizava o trabalho nas oficinas. Com isso, os revisores passaram a ser assalariados. Nessa época, houve a separação entre as funções de impressor e de editor de textos, rompendo-se com a tradição manuscrita, na qual uma mesma pessoa normalizava e transcrevia o original (Araújo, 2008).

Labarre (1981) observa que a demanda cresceu, pois não se imprimiam livros apenas para estudiosos e clérigos, mas também para a nova classe emergente: a burguesia. Com isso, espalharam--se pela Europa pequenos livros religiosos, romances de cavalaria e textos de medicina popular, entre outros. Surgiu, então, o problema do financiamento, que levou ao desenvolvimento de um novo profissional – o editor. Este, entre outras tarefas, assumiu "as responsabilidades comerciais, subvencionando a fabricação e assegurando a venda" (Labarre, 1981, p. 67).

Esse profissional passou a regular o processo de publicação de livros e, com algumas diferenças, de jornais. Muita coisa se modificou nessa área com as transformações trazidas pela Revolução Industrial, que começou no século XVII, na Inglaterra, e se consolidou no século XIX. O editor se tornou a figura a que a revisão textual, em geral, se subordina. Ele coordena os critérios de normalização, de correção gramatical (a par com os estudiosos da língua), de diagramação e de produção gráfica.

A chegada das máquinas tornou o processo de produção muito mais rápido. A consequência mais visível aconteceu nos jornais, que passaram a ser diários em virtude da automação do processo de impressão.

Tecnologia e *negócio* são palavras-chave para definir a era que se projetou a partir do século XIX. Tudo começou um século antes, quando o livro deixou definitivamente de ser um objeto de circulação restrita para ser um meio de comunicação amplo e capaz de chegar às camadas médias da população. Chartier (1994) fala em uma "revolução da leitura", o filósofo alemão J. G. Fitche chega a comparar os livros a "narcóticos" e Marcondes Filho (2000, p. 10) conta como o conhecimento era restrito às igrejas, às primeiras universidades e às instituições monárquicas:

> O saber, o acesso aos documentos, o direito à pesquisa, até a invenção dos tipos móveis de Gutenberg, estiveram nas mãos da Igreja. [...] A formação profissional e intelectual das elites exigia berço, posses, influência e disponibilidades. Os homens do saber [...] formavam nas cortes um colegiado de apoio aos monarcas.

Nesse período, surgiram as revistas literárias e científicas. Os saberes científicos, religiosos e artísticos deixaram de ser uma conversa entre pares e passaram a circular entre um grupo maior de pessoas. A produção de livros cresceu, os formatos de bolso fizeram grande sucesso e as chamadas *contrafações* (cópias sem autorização) levaram à queda do preço dos livros (Chartier, 1994).

O aumento da demanda gerou um desenvolvimento tecnológico para atendê-la, incrementando a produção e o estabelecimento de editoras e jornais como negócio. Foi um processo gradual, mas transformou as relações de produção do livro e dos impressos. Foi responsável, por exemplo, pela separação das funções de editor ou publicador, tipógrafo e livreiro. As editoras tornaram-se casas separadas das oficinas tipográficas, as quais pouco a pouco foram chamadas de *gráficas* (Araújo, 2008).

No século XIX, foram criadas prensas a vapor, rotativas e máquinas de composição (monotipo e linotipo). As duas primeiras aceleraram o ritmo de impressão, e a monotipo e a linotipo substituíram a composição manual. A linotipo, por sua vez, foi substituída pela fotocomposição e pela composição eletrônica no século XX.

As rotativas organizavam o processo de impressão e distribuição de tintas por meio de um conjunto de cilindros. Enormes bobinas de papel eram desenroladas e passavam por cilindros nos quais estavam fixadas as matrizes para impressão. A impressão era feita dos dois lados e continuamente, o que elevou enormemente a capacidade de tiragem e possibilitou a publicação diária de jornais. As rotativas sofisticaram-se a ponto de imprimir, dobrar, aparar, colar e contar os exemplares produzidos.

Figura 2.1 – Rotativa de William Bullock, criada em 1865, na Filadélfia

Dr Jeremy Burgess/Science Photo Library/Fotoarena

Patenteada por um relojoeiro alemão em 1890, a linotipo automatizou o processo de composição da página por meio da produção de linhas de tipos, que formaram a matriz da página a ser impressa. Acionando um teclado, as matrizes das letras escolhidas são arranjadas em uma linha e levadas até um caldeirão, e uma liga de metal derretida é vertida nelas. A máquina cria, então, uma barra com a linha desejada, que depois é reunida às outras para compor a matriz da página.

Na metade do século XX, a composição passou a ser feita por meios óticos e eletrônicos. O processo tornou-se mais rápido e simples, pois deixou de depender do chumbo para a fabricação de caracteres. Os dispositivos óticos possibilitaram que a composição gerasse matrizes em fotolito, uma película transparente na qual gravam-se imagens e textos. Esse processo é usado com o *offset*, forma de imprimir que, com base no fotolito, gera uma matriz de metal flexível o suficiente para ser instalada em um cilindro.

Esse cilindro produz outra matriz, agora de borracha, que entra em contato com o papel durante a impressão.

Atualmente, a composição é feita por vários *softwares* que geram matrizes eletrônicas enviadas por *e-mail* para máquinas de impressão que as transformam em matrizes de borracha. Dependendo do volume a ser impresso, são rodadas em grandes impressoras, como as rotativas, ou em máquinas menores, como as *offsets*. É possível, ainda, que as matrizes não sejam impressas, pois são lidas ou vistas em um monitor, um *smartphone* ou qualquer outro suporte eletrônico.

Hoje há um processo novo. Mesmo com grandes conglomerados editoriais e midiáticos, que tendem a criar monopólios e cartéis, existe a expansão de pequenas editoras e agências de notícias mais segmentadas ou voltadas para o interesse público, fenômeno esse possibilitado pelo advento da internet. Isso também mudou a composição e a relação entre os profissionais da área.

2.4 Editores, preparadores, copidesques e revisores

Assim como as técnicas de composição e impressão modificaram-se substancialmente entre os séculos XIX e XXI, as técnicas editoriais também mudaram bastante. E, na esteira delas, as relações entre os profissionais da editoração. O editor passou a ser um publicador, responsável pelo conteúdo e pela empresa. Muito diferente do que ocorria no século XV, quando era ao mesmo tempo artesão e erudito (Thérive, citado por Houaiss, 1983, p. 68).

Junto ao editor, passa a existir outro agente responsável pela produção do livro: o produtor editorial ou editor-assistente. Seja qual for o nome, esse profissional é encarregado da produção do livro, tanto em relação ao aspecto gráfico quanto textual. Conforme Martins Filho (1997, p. 48), "O produtor é o intermediário entre o editor e os setores de prestação de serviços relacionados à edição do livro: preparação de originais, marcação de texto, composição, revisão de provas, fotolitos, impressão e acabamento".

O editor, por sua vez, além de responsável pelo conteúdo dos livros da editora (criação de coleções e selos editoriais, entre outras atividades), precisa pensar nos investimentos e nos ganhos da editora. Se a editora for grande, haverá funcionários para isso, porém, se for pequena, ele acumulará funções. Nada o impede de ser um intelectual e mesmo um profissional do texto, como um escritor, tradutor ou revisor, mas ele geralmente não exerce essa função na editora (Araújo, 2008).

Segundo Houaiss (1983, p. 41), a editoração, na atualidade, pode ser entendida de dois modos: como a "atividade organizada em forma de empresa para a publicação de livros" (da escolha de originais à distribuição e divulgação da obras) ou como o conjunto de processos responsáveis pela produção do livro (do projeto gráfico à revisão de provas).

Os profissionais ligados ao texto trabalham com a produção do livro, podendo ser funcionários da editora ou *freelancers*. São o preparador de originais ou de textos, o tradutor, o revisor de provas e o revisor técnico (também conhecido como *parecerista*).

Com a diversificação das publicações, agora distribuídas entre impressos e digitais, as atividades do revisor variam muito. Acontece inclusive de ele trabalhar como se fosse um preparador e ganhar como revisor de provas. Como observa Thiago Mio Salla, professor de Jornalismo e Editoração da Escola de Comunicação e Artes da Universidade de São Paulo (ECA-USP), "a definição das funções da profissão parece encerrar contradições, ambiguidades e indefinições que, se por um lado dizem respeito ao caráter diversificado das atividades desempenhadas, por outro acabam trazendo problemas aos profissionais da área" (Salla, citado por Cardoso, 2020, p. 11).

Como o campo da editoração está passando por um processo de mudança radical, as atividades profissionais relacionadas à revisão textual também estão em contínua transformação. O avanço da inteligência artificial, por exemplo, poderá tornar os corretores ortográficos mais precisos e diminuir o campo de trabalho do revisor.

Por outro lado, amplia-se o campo de trabalho para o retorno do editor-filólogo, ou seja, de um editor também responsável pelos trabalhos de revisão textual. Isso vem acontecendo com a simplificação dos meios de produção e publicação do livro, responsável, no Brasil, pelo aumento do número de editoras pequenas. Estas estão mais próximas das oficinas tipográficas do que das grandes casas editoriais.

SÍNTESE

Neste capítulo, vimos que, ao ler um texto, usamos um suporte construído historicamente. Dessa história, tomaram parte diferentes profissionais, entre técnicos e intelectuais. Homens e mulheres deram diferentes soluções materiais para que a escrita se fixasse da forma mais perene possível e pensaram nos meios mais adequados para que o texto escrito se organizasse de modo legível.

Em Alexandria, no Egito, bibliotecários e filólogos reuniram as principais obras escritas na Grécia Clássica e as documentaram em rolos ou volumes, nomes dados aos suportes nesse período. Na Idade Média, monges e clérigos promoveram a primeira revolução na história do livro com a invenção do códice, artefato confeccionado com folhas dobradas e reunidas em cadernos costurados, guardados por duas capas.

No século XV, o códice ganhou uma nova forma de impressão graças ao papel, à prensa e aos tipos móveis. Consolidava-se o artefato que chamaríamos definitivamente de *livro*. Tipógrafos e impressores passaram a imprimir milhares de cópias de uma obra utilizando essas novas tecnologias. Essa multiplicação dos livros transformou a editoração em um negócio, junto ao jornalismo, que levou o campo da edição definitivamente para a indústria cultural no século XIX, quando o editor virou um empresário, metade intelectual, metade publicador/negociante, e revisores e preparadores tornaram-se seus funcionários.

Em meados do século XX e no século XXI, consolidou-se a editoração eletrônica, que, graças ao uso de ferramentas digitais, simplificou a produção do livro e do jornal e ampliou a produção textual e as formas de publicação, possibilitando, ainda, a emergência de pequenas editoras.

O revisor de textos, que na Antiguidade era um filólogo, pois cuidava de todo o trabalho de estabelecimento de textos, passou, na Idade Média, a exercer ora o papel de copista, ora de mestre do escritório. Com a tipografia, essa convergência de competências permanece na figura do tipógrafo-editor, porém começa a se distinguir as funções do filólogo das do editor; e do profissional do texto das do editor.

Com a transformação das editoras em negócios, o editor passou a ser o dono da empresa editorial ou o chefe de seção de jornal. Intelectual ou não, o editor comanda uma grande equipe de profissionais, delegando inclusive o processo de produção a um subordinado: o produtor editorial ou editor-assistente. Estes comandam os profissionais do texto envolvidos na produção de um livro.

A tecnologia digital e a simplificação dos processos de editoração possibilitaram a retomada da figura do antigo editor, responsável pelo texto e pelo negócio. Hoje existem várias modalidades de editor e de revisores textuais. Estes trabalham funcionários internos de grandes casas editoriais ou jornais, *freelancers* para essas empresas ou profissionais autônomos que prestam serviços para diversos produtores de texto.

ATIVIDADES DE AUTOAVALIAÇÃO ————————————

1. Leia o trecho a seguir:

> A conclusão é sempre idêntica: a significação ou, antes, as significações, histórica e socialmente diferenciadas de um texto, seja qual for, não podem ser separadas das modalidades materiais por meio de que o texto é oferecido aos leitores. (Chartier, 1994, p. 194)

Chartier (1994) sugere que a relação entre o texto e o suporte não é estática. Leia as afirmativas a seguir sobre essa relação:

I) A escrita adapta-se ao formato do suporte em que é gravada e ao contexto cultural no qual se insere.

II) A escrita é uma habilidade universal e que se mantém uniforme durante a história, independentemente do suporte no qual é publicada.

III) Os suportes da escrita modificam-se durante a história e transformam o modo como o texto se organiza.

Está correto apenas o que se afirma em:

a) I.
b) I e III.
c) III.
d) I e II.
e) II.

2. Leia o trecho a seguir:

> Sobre cada folha, o texto era escrito em colunas e cada uma delas se colava, em seguida, pela extremidade à folha seguinte, de forma que se obtinham fitas de papiro com, às vezes, dezoito metros de comprimento. Enroladas em torno de um bastonete chamado *umbilicus*, constituíam os primeiros rolos [...]. (Martins, 1996, p. 62)

Volume ou *rolo* eram os nomes dados ao suporte textual que expandiu a transmissão da escrita. Diferentemente dos suportes atuais, os rolos tinham uma limitação de espaço, o que levava o texto a ser dividido em várias partes. Como essas divisões eram denominadas?

a) Seções.
b) Capítulos.
c) Sumários.
d) Livros.
e) Índices.

3. Leia o trecho a seguir:

> Saber, p. ex., que nos antigos recintos em que se realizavam as cópias (chamados *scriptoria*) havia o hábito de se desmembrar um códice para que suas partes (os cadernos) pudessem ser reproduzidas simultaneamente por diferentes copistas permite ao crítico textual elaborar hipóteses sobre por que certas cópias têm seu texto em ordem diferente de outras: possivelmente porque, ao se recompor o códice utilizado como modelo, teriam ocorrido equívocos na ordenação de suas partes. (Cambraia, 2005, p. 27)

As práticas editoriais ora se assemelham, apesar das diferenças entre os suportes, ora se diferenciam por causa dessas diferenças. Por essa razão, algumas profissões se mantiveram e outras desapareceram. Considerando esses aspectos, relacione os suportes às respectivas práticas editoriais:

1) Códice
2) Livro impresso
3) Volume

( ) Transfere o manuscrito para a matriz, organizando os tipos e a diagramação.

( ) Entre as várias versões de uma obra, estabelece a versão mais fiel ao original.

( ) Escreve-se em cadernos separados, fora da sequência do texto original.

Agora, marque a sequência correta:

a) 2, 3, 1.
b) 1, 2, 3.
c) 3, 2, 1.
d) 2, 1, 3.
e) 1,3, 2.

4. Leia o trecho a seguir:

> Assim como não se separavam na escrita os vocábulos por espaço branco, também não costumavam ser marcadas as unidades textuais intermediárias entre o período e o capítulo, ou seja, os parágrafos. Em textos medievais portugueses, os limites de tais unidades eram eventualmente marcados através do caldeirão (forma que se assemelha ao sinal atual < ¶ >), frequentemente escrito com tinta vermelha, ou ainda através da palavra *Item* [...]. Outra forma de marcar unidades textuais eram as letras iniciais, que poderiam assumir dimensão bem superior à da média [...]. Com os livros impressos, tal sistema começou paulatinamente a se modificar, embora nos primeiros tempos o uso de caldeirão e capitulares ornadas fosse predominante. (Cambraia, 2005, p. 125)

Os parágrafos, o colofão e a folha de rosto, entre outros paratextos, passaram a ditar a composição do livro impresso. Ainda que semelhante ao códice do ponto de vista da forma, o livro impresso trouxe uma nova concepção quanto à forma de organizar a escrita e o texto. Considere as afirmações a seguir, acerca do livro impresso:

I) O livro dá um passo além em relação ao códice ao incorporar a linguagem gerada pela tipografia.

II) A concepção que passa a ditar o livro impresso é menos ligada à palavra e mais voltada para a imagem.

III) Os signos fonéticos estão no centro da concepção do livro impresso, que se organiza de acordo com a estrutura da oralidade.

Está correto apenas o que se afirma em:

a) I e III.

b) I e II.

c) I.

d) III.

e) II e III.

5. Leia o trecho a seguir:

> Para dominar esse possível excesso, são necessários instrumentos que permitam selecionar, classificar, hierarquizar. Essas ordenações cabem a múltiplos atores, mas os editores, por suas escolhas, desempenham um papel essencial nessa domesticação da abundância. (Chartier, 2002a, p. 76)

A partir do século XIX, a expansão do público leitor e as inovações tecnológicas modificaram radicalmente a produção editorial. Em relação às mudanças do papel ou função do editor do século XIX para cá, é correto afirmar:

a) O editor é o responsável por comparar diferentes versões de uma obra e estabelecer a mais fiel ao original.

b) O editor cuida do material para as cópias e da divisão do trabalho, além de controlar a execução das tarefas realizadas pelos copistas.

c) A tarefa central do editor é garantir que o livro impresso seja a reprodução fiel do original manuscrito.

d) O editor moderno concentra suas atividades no processo textual, ao contrário do tipógrafo, que era um empresário.

e) O editor é um publicador, responsável simultaneamente pelo conteúdo e pela empresa.

ATIVIDADES DE APRENDIZAGEM

Questões para reflexão

1. Leia o trecho a seguir:

> Dizem hoje que a revolução do conhecimento está sendo impulsionada pelas rodovias da informação. Decerto essas vias permitem uma abordagem cada vez mais ampla e rápida do conhecimento disponível no planeta. Mas as informações que circulam nessas vias digitais são passageiras e fugazes. Para arrumá-las, para mantê-las, você precisa do livro, inevitavelmente. (Lardellier, 1996, p. 53, tradução nossa)

Com base no trecho citado e no conteúdo dos Capítulos 1 e 2, reflita por que Lardellier acredita que o livro ainda é a base da organização da informação na era da digitalização do conhecimento. Você concorda com a opinião do autor? Justifique.

2. Em termos de organização da escrita em um suporte, o códice e o livro impresso são muito semelhantes. A estrutura deles baseia-se na justaposição de cadernos, criados por meio da dobragem das folhas. Mas quais diferenças há entre eles? Pense em pelo menos duas delas.

Atividade aplicada: prática

1. Que tal montar um livro à moda antiga? Com uma folha de papel sulfite A3 ou A4, crie cadernos por meio da dobragem das folhas. Para isso, acesse a página indicada a seguir e verifique como os cadernos são feitos. Faça um fólio (uma dobragem), um in-quarto (duas dobragens) e um in-oitavo (três dobragens). Depois, escolha uma dessas formas e aplique um texto nessas folhas, tomando cuidado com a paginação. Avalie o resultado.

TIPOGRAFIA. **Formatos de papel**. Disponível em: <http://tipografos.net/glossario/formatos.html>. Acesso em: 19 fev. 2020.

A ORGANIZAÇÃO
DO ORIGINAL

3

O trabalho do revisor começa com a chegada dos originais. Antes disso, o texto já foi visto, escolhido e avaliado pelo editor. Os processos de revisão textual são, então, iniciados, procurando sempre a melhor legibilidade do texto.

O que se faz em primeiro lugar é organizar o original pensando em sua estruturação e de acordo com as normas da editora ou da Associação Brasileira de Normas Técnicas (ABNT), caso se trate de textos acadêmicos. Em revistas, cada editoria segue seus padrões, mas a ABNT é o principal modelo usado no Brasil. Nos periódicos das áreas de saúde, psicologia e exatas, em geral, adotam-se os sistemas Vancouver e American Psychological Association (APA)[1]. Neste capítulo, nos deteremos na preparação de livros e textos acadêmicos guiados pelas normas editoriais ou da ABNT.

Esse processo, em geral, é feito pelo editor ou pelo preparador de textos. Trata-se de organizar o original segundo as partes e seções de um livro ou obra acadêmica (monografia, dissertação ou tese), dividindo-o por meio da inserção de paratextos. Depois disso vem a preparação de textos.

---

1 Esses sistemas serão estudados – ainda que brevemente – no Capítulo 5.

De forma mais didática, o processo de editoração de uma obra segue as seguintes etapas:

- **Organização do original** em elementos textuais que acompanham, informam e delimitam o texto principal. Isso se faz por meio da inserção dos paratextos, que se dividem em pré-textos, textos e pós-textos.
- **Normalização**, ou seja, padronização (que envolve inserção e correção) de realces gráficos (negrito, itálico e versal/versalete), citações, notas e reduções (siglas e abreviações) e ortografia (uso de maiúsculas e minúsculas, grafia das palavras, sinais diacríticos, acentuação e pontuação).
- **Revisão estilística e gramatical**.

Muitas vezes, essas etapas são realizadas ao mesmo tempo, dependendo da forma como a produção do livro ou texto acadêmico esteja organizada.

A preparação de textos é o processo que busca dar "uniformidade global ao texto através de padrões formadores, conformadores e até informadores do livro" (Araújo, 2008, p. 56). É uma atividade que envolve ao mesmo tempo a inserção de sinais tipográficos e linguísticos (títulos, grifos, sumários, índices etc.) e a revisão textual (de padrão, estilo e gramatical). Ou seja, é um processo que ocorre durante a normalização e a revisão textual.

Neste capítulo, trataremos da organização do original, do modo como o livro e os textos acadêmicos se estruturam com base nos paratextos e da preparação de textos no papel e no computador.

3.1 A ordem do original

Original é o texto que o autor entrega para a publicação. É a redação definitiva da obra. Antes dos computadores, era entregue em papel, manuscrito ou datilografado. Hoje, com raras exceções, é um texto imaterial, identificado pelo nome do arquivo. Seja como for, original é o texto destinado à composição tipográfica (no caso de vir a ser impresso) ou eletrônica (quando restrito ao meio digital). O autor pode conhecer ou não as normas editoriais. No caso de originais eletrônicos (para publicação impressa ou digital), em geral pede-se ao autor que use fonte com corpo 12 e entrelinha 1,5 (Martins Filho, 2016). Em papel, costuma-se pedir a entrelinha dupla, pois facilita a inserção de marcações pelo revisor. Recebido, o original passa por um filtro, ou seja, pelo projeto editorial, que inclui os planos visual e textual. A tradição criou e fixou padrões, com normas mais ou menos rígidas que regem a prática editorial. Elas podem ser adaptadas a cada caso (modelo empírico), com exceção dos textos acadêmicos, cujas normas são mais estritas (modelo teórico). O revisor deve observar a estruturação do livro ou do texto. Ela varia pouco, mas pode haver diferenças entre as editoras, e certamente há entre as editoras e a ABNT. Os projetos editoriais de livros comerciais são mais flexíveis que os textos acadêmicos, que seguem as regras da ABNT.

3.2 Estrutura do livro

O original é restruturado segundo uma lógica que coloca o texto principal no centro, e, antes e depois dele, os aparatos que ajudam em sua leitura. São os chamados *paratextos*, que podem ser pré-textuais, textuais e pós-textuais, além dos elementos de apoio ao texto. O revisor de originais deve conhecer a estruturação adotada pela casa publicadora ou pela ABNT (no caso de textos acadêmicos).

Os paratextos são "um certo número de produções, verbal ou não" (Genette, 2009, p. 9) que acompanham e reforçam o texto principal com a função de apresentá-lo e complementá-lo para o leitor. Conforme Genette (2009, p. 9), não há livro sem paratextos, já que são eles que fazem, de um texto, um livro. Títulos, folha de rosto, prefácio, posfácio e bibliografia cercam o conteúdo da obra para ajudar o leitor a compreender o texto principal. A seguir, trataremos, sob o ponto de vista da revisão textual, dos pré-textos, do texto, dos pós-textos e dos elementos de apoio.

3.2.1 Os pré-textos

Pré-textos são os elementos que precedem o texto principal e apresentam o conteúdo da obra. Martins Filho (2016, p. 37) aponta treze elementos, entre fixos e opcionais: "olho, falsa folha de rosto ou anterrosto; folha de rosto ou frontispício; páginas de créditos e sumário" (fixos); e "folhas de guarda; dedicatória; epígrafe; agradecimentos; lista de ilustrações; lista de abreviaturas e siglas; cronologia; introdução e prefácio" (opcionais).

Araújo (2008, p. 400) propõe dez elementos, pois, segundo ele, há muitas variações de edição para edição, o que o fez circunscrever "apenas os elementos mínimos sob uma ordem ideal": falsa folha de rosto, folha de rosto, dedicatória, epígrafe, sumário, lista de ilustrações, lista de abreviaturas, prefácio, agradecimentos e introdução.

A norma da ABNT que rege as regras de apresentação do livro é a NBR 6029: 2006. Os elementos pré-textuais de obras acadêmicas, por sua vez, são normatizados pela NBR 14724: 2011. A primeira lista doze elementos, e a segunda, treze. Ambas consideram a introdução como elemento textual, e não pré-textual.

Veja, no quadro a seguir, os elementos obrigatórios (em cinza) e opcionais de acordo com cada fonte citada.

Quadro 3.1 – Elementos pré-textuais

Martins Filho (2016)	Araújo (2008)	NBR 6029: 2006 (ABNT)	NBR 14724: 2011 (ABNT)
Olho, falsa folha de rosto ou anterrosto	Falsa folha de rosto	Falsa folha de rosto	Folha de rosto
Folha de rosto ou frontispício	Folha de rosto	Folha de rosto	Errata
Página de créditos	Dedicatória	Dedicatória	Folha de aprovação
Sumário	Epígrafe	Agradecimentos	Dedicatória
Folhas de guarda	Sumário	Epígrafe	Agradecimentos
Dedicatória	Lista de ilustrações	Lista de ilustrações	Epígrafe
Epígrafe	Lista de abreviaturas e siglas	Lista de abreviaturas e siglas	Resumo em língua vernácula
Agradecimentos	Prefácio	Lista de símbolos	Resumo em língua estrangeira
Lista de ilustrações	Agradecimentos	Lista de tabelas	Lista de ilustrações
Lista de abreviaturas e siglas	Introdução	Errata	Lista de tabelas
Cronologia		Sumário	Lista de abreviaturas e siglas
Introdução		Prefácio	Lista de símbolos
Prefácio			Sumário

Observe que há diferença na ordem dos elementos em relação à estruturação do livro. Martins Filho (2016) coloca os agradecimentos depois da epígrafe, Araújo (2008) insere-os depois do prefácio, e a ABNT, depois da dedicatória. Isso reforça o que dissemos no Capítulo 1: **não há uma padronização universal**, apesar das tentativas com esse fim. Para o preparador de originais, importa saber qual é o projeto de normalização e diagramação da editora em que está trabalhando.

O sumário é o último elemento anotado pela ABNT. Nas classificações de Martins Filho e Araújo, porém, o sumário insere-se antes da lista de ilustrações, das abreviações, do prefácio e da introdução. Martins Filho (2016) considera que o sumário muito distante do início do livro dificulta a vida do leitor quando há muitos elementos pré-textuais e que, por isso, as editoras geralmente não seguem essa norma.

Sumário e índice são elementos diferentes. O **sumário** é a "ordenação sistemática e não alfabética da estrutura do livro" (Araújo, 2008, p. 410). Já o **índice** é uma lista de nomes, lugares e assuntos organizada em ordem alfabética e inserida no fim do livro.

Outros dois elementos que costumam ser confundidos são o prefácio e a introdução. O prefácio pode ou não ser escrito pelo autor, ao passo que a introdução sempre é redigida por ele. Os franceses usam expressões diferentes para distinguir o prefácio escrito pelo autor (*préface*) do não escrito por ele (*avant-propos*). O **prefácio** é uma apresentação, um esclarecimento, uma justificativa acerca do tema, da pesquisa ou da finalidade do livro (Martins Filho, 2016).

A ABNT incluía o prefácio entre os pré-textos até a edição da NBR 6029 de 2006, quando o deslocou para os elementos textuais como opcional. Essa é uma das causas das variações que o preparador de originais encontra quando trabalha para publicadores diferentes. E mesmo quando trabalha apenas com textos acadêmicos, esse profissional deve considerar o fato de a ABNT revisar as normas de tempos em tempos, modificando-as.

> O preparador deve a todo o momento retomar o mantra deste livro: checar sempre os critérios do editor ou do publicador para quem

A **introdução**, por sua vez, entra na discussão do assunto do livro. Conforme Martins Filho (2016, p. 59), "nela são expostos o argumento e a finalidade da obra, bem como o modo por meio do qual será tratado o assunto". Por essa razão, alguns manuais consideram a introdução um elemento do texto, enquanto os manuais destinados à composição de livros a classificam como pré-texto. A introdução, na ABNT, é um elemento textual, às vezes precedido pelo prefácio.

Os elementos fixos geralmente são suficientes em obras literárias, livros de ficção e de poesia. Podem ser acrescentados epígrafes, dedicatórias ou agradecimentos. Perceba que há alguns itens que somente livros específicos vão apresentar, como a cronologia, restrita geralmente a livros de história ou biografias.

No caso dos livros, o profissional deve observar os pré-textos que ocupam as páginas ímpares e pares. Os elementos listados por Araújo (2008) vão todos nas páginas ímpares. Os componentes das páginas pares são a segunda folha de guarda, o verso do olho e a página de créditos. Incluam-se ainda as páginas em branco da dedicatória, da epígrafe e dos agradecimentos. Essa composição das páginas gera custos para o projeto, motivo pelo qual nem sempre se apresenta assim.

Os gêneros acadêmicos (monografias, dissertações e teses, por exemplo) apresentam especificidades que incluem elementos próprios a seu campo: a folha de aprovação e os resumos em português e em língua estrangeira. Por isso, estão discriminados em uma norma diferente, a NBR 14724: 2011.

Como você pode observar no Quadro 3.1, a NBR 14724: 2011 desconsidera o prefácio, pois a rigor o gênero acadêmico é um quesito

---

2 Para mais informações, consulte o catálogo no *site* da ABNT – Associação Brasileira de Normas Técnicas. Disponível em: <https://www.abntcatalogo.com.br/>. Acesso em: 27 fev. 2020.

de avaliação, ligado à aprovação do estudante ou à obtenção de um título de pós-graduação, o que torna desnecessária uma apresentação da obra por outro autor ou pelo próprio candidato ou aluno. Por essa razão, seus elementos pré-textuais diferem dos estabelecidos para livros.

Embora a ABNT seja o parâmetro geral para o estabelecimento das normas editoriais, a tradição tipográfica (e agora eletrônica) criou os próprios critérios em relação à estruturação do livro. Isso se explica porque as editoras precisam tornar o livro mais confortável para o leitor, que não é o mesmo do texto acadêmico, lido em geral por um público mais reduzido e especializado.

3.2.2 O texto

O texto é a razão de ser do livro. Conforme Martins Filho (2016, p. 91), é o "texto da obra propriamente dito, que pode ser dividido em grandes seções, como partes, livros ou tomos, e em seções menores, tais como capítulos [que] podem conter vários subtítulos e intertítulos". A divisão do texto depende do assunto, do propósito e do gênero da obra.

Há livros cujos textos têm várias divisões e outros sem divisão alguma. Na literatura brasileira, temos, por exemplo, os romances *Quincas Borba* (1891), de Machado de Assis, com 201 capítulos; e *Grande Sertão: veredas* (1956), de João Guimarães Rosa, sem qualquer divisão em capítulos. A obra *Os sertões* (1902), de Euclides da Cunha, é dividida em três partes ("A terra", "O homem" e "A luta"), cada uma delas subdividida em capítulos.

O assunto da obra e a forma de tratá-lo definem a divisão. Diferentemente de obras literárias, livros didáticos, técnicos e científicos, pelas características de seu objeto, apresentam mais seções. De todo modo, estas são pensadas pelo autor, que pode ou não acatar as sugestões do editor.

O profissional deve observar se essas divisões estão grafadas uniformemente (com caixa-alta, caixa-baixa, negrito, itálico etc.) e indicar, com marcações no texto, a hierarquia entre partes, capítulos, subtítulos e intertítulos, quando houver todos esses componentes.

Em geral, partes e capítulos começam em página ímpar, mas pode acontecer de os capítulos iniciarem em páginas pares, como em edições de bolso. Essas divisões são marcadas tipograficamente, de acordo com o projeto estabelecido pelo diagramador. As partes são numeradas com algarismos romanos ou arábicos, e os capítulos em geral são numerados com arábicos em livros técnicos e acadêmicos, mas nos literários raramente são usados. Isso dependerá do projeto gráfico de cada editora. O preparador de originais deve conhecê-lo bem para fazer as marcações no original, e o revisor de provas, para identificar problemas de padronização.

Figura 3.1 – Exemplo de abertura de parte

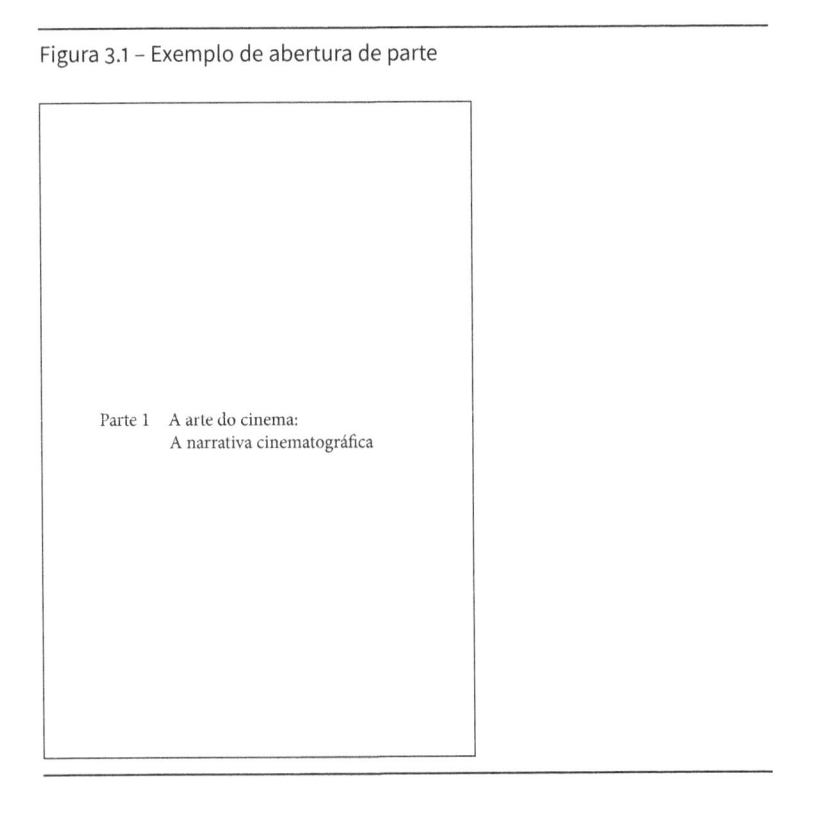

Parte 1   A arte do cinema:
          A narrativa cinematográfica

As divisões dos capítulos são feitas pelos subtítulos e intertítulos, cujas diferenças também são estabelecidas tipograficamente. Em monografias, dissertações de mestrado ou teses de doutorado são incluídos números, cujo padrão é descrito pela NBR 6024: 2012. Os livros podem ou não incluir números nos subtítulos e intertítulos.

A divisão do livro deve ser uniforme, seja qual for o padrão escolhido, e receber destaque, como espaços em branco, fontes em caixa-alta e/ou caixa-baixa e grifos. Os caracteres devem pertencer à mesma família e as seções precisam aparecer nas páginas ímpares. As divisões de seções, quando se usam subtítulos e intertítulos, também devem ser destacadas, empregando-se ou não numerais.

Além desses marcadores de divisão, o texto pode conter vários elementos de apoio. Entre os textuais estão notas, citações, tabelas e quadros.

3.2.3 Os pós-textos

Os componentes pós-textuais complementam a obra. Araújo (2008) e a ABNT destacam sete, enquanto Martins Filho (2016) apresenta dez. Listamos esses itens no quadro a seguir.

Quadro 3.2 – Comparação dos elementos pós-textuais

Araújo (2008)	ABNT	Martins Filho (2016)
Posfácio	Posfácio	Posfácio
Apêndices	Referências	Adendo
Glossário	Glossário	Anexos
Bibliografia	Apêndices	Apêndices
Índice	Anexos	Glossário
Colofão	Índice	Bibliografia
Errata	Colofão	Índices
		Lista de coleções
		Errata
		Colofão

Os elementos a mais incluídos por Martins Filho são o adendo e a lista de coleções. Araújo (2008, p. 99) não distingue o adendo e o apêndice, reunindo-os sob o mesmo item (apêndices). Para ele, ambos são falsas notas, e, como "qualquer nota, constituem efetivamente matéria acrescentada ao corpo principal do texto para enriquecê-lo, esclarecê-lo ou complementá-lo". São acréscimos mais longos que não caberiam no espaço de uma nota.

Martins Filho (2016, p. 101) considera que os **anexos** são um conjunto de documentos, estatísticas e gráficos inseridos na obra, ao passo que o **apêndice** é "uma continuação ou prolongamento da obra, geralmente com a finalidade de subsidiar seu conteúdo, ao mesmo tempo em que a esclarece, amplia e ratifica". A ABNT (2011) faz uma distinção por meio do critério autoral, ou seja, anexos são documentos ou textos inseridos na obra não elaborados pelo autor; e apêndices, pelo autor.

Nos textos editoriais, depende dos critérios da casa publicadora usar este ou aquele nome para essas inserções pós-textuais. Em textos acadêmicos, usa-se o critério autoral, distinguindo-se anexo de apêndice.

Outra distinção que se costuma fazer no plano teórico é entre bibliografia e referências bibliográficas. A **bibliografia** seria o conjunto de obras recomendadas pelo autor sobre o tema e que foram ou não usadas para a elaboração de seu texto. Já as **referências bibliográficas** seriam a lista das obras consultadas pelo autor. Araújo (2008) e Martins Filho (2016) adotam essa distinção, porém o segundo observa que, na prática, poucos editores fazem essa diferenciação. De todo modo, elas são normalizadas da mesma forma, como veremos mais adiante.

A ABNT só faz menção a *referências*, definindo-as como o "conjunto padronizado de elementos descritivos, retirados de um documento, que permite sua identificação individual" (ABNT, 2018, p. 3). No escopo da NBR 6029 não há definição do que são as referências. Essa definição aparece na NBR 6023: 2018, na seção em que se expõe o objetivo da norma: "material utilizado para a produção de documentos e para inclusão em bibliografias, resumos, resenhas, recensões e outros" (ABNT, 2018, p. 1).

De todo modo, a normalização das referências costuma dar muito trabalho para o revisor, pois dificilmente os originais obedecem aos padrões exigidos pela editora ou pela ABNT. Isso requer muita atenção do revisor, que terá de padronizá-las rigorosamente.

O **índice** é outro componente que exige bastante do revisor, porque é necessário conferir se as entradas dele (palavras e itens empregados para a localização no livro) levam à parte, ao capítulo ou à página correta do texto do livro. Organizados alfabeticamente (o que os difere do sumário), os índices podem ser gerais (toda a matéria do livro), analíticos (por assunto), cronológicos e onomásticos (nomes de pessoas, lugares etc.). O índice pode ser feito pelo autor ou sugerido pelo editor, que designará alguém para fazê-lo. Muitas vezes, incumbe-se o revisor de originais de elaborá-lo.

A organização dos pós-textos de obras acadêmicas (monografias, dissertações e teses) difere pouco da dos livros. À exceção do posfácio e do colofão, os demais elementos são os mesmos, somando-se cinco: referências, glossário, apêndice, anexos e índice.

3.2.3.1 ELEMENTOS TEXTUAIS DE APOIO AO TEXTO

A citação e as notas são elementos que podem aparecer no texto principal. As **citações** são fragmentos de textos usados pelo autor da obra para apoiar, ilustrar ou fundamentar uma ideia apresentada por ele. As notas podem ser bibliográficas ou de conteúdo. As **notas bibliográficas**, segundo Eco (2007), servem para indicar as fontes citadas ou outras não mencionadas, porém relevantes ao assunto. Já as **notas de conteúdo** são utilizadas para reforçar o conteúdo, acrescentar intertextos, ampliar informações e fazer ressalvas, traduções ou agradecimentos.

As citações são textuais, já as notas podem ser tanto textuais como pós-textuais. No primeiro caso, temos as notas de rodapé, cuja chamada e nota ficam na mesma página; e as notas de fim de capítulo. No segundo caso, estão as notas de fim de livro, que em geral aparecem após os elementos do texto ou depois do posfácio.

Tanto as citações como as notas são elementos que dão muito trabalho aos revisores no que se refere ao estilo e à ortografia: da colocação das aspas e do tamanho das fontes até a posição das chamadas de notas e a normalização específica de seus elementos, diferente em alguns aspectos do texto principal.

Há outros elementos de apoio textual, como os **títulos correntes** ou **cabeços**. Eles figuram no alto ou no pé das páginas par e ímpar indicando o autor e o nome da obra; o título da obra e o título do capítulo; ou o título da parte e o título do capítulo.

3.3 Análise do texto

Organizado o livro, passa-se para a segunda etapa da edição. Se a primeira diz respeito à estrutura do livro, ou seja, à diagramação e ao projeto gráfico, agora chega-se ao tratamento do texto. Conforme Martins Filho (2016, p. 151), a preparação ou revisão de originais "envolve a normalização, a revisão de estilo (da escrita), a revisão técnica e a marcação do texto para futura composição/diagramação [...]". São os processos que procuram deixar o original uniforme, bem escrito e livre de erros para ser diagramado.

O texto deve ter unidade e coerência, qualidades que estão sob a responsabilidade do preparador de textos ou revisor de originais. Por isso, o preparador de originais precisa ser um profissional com boa formação. Além de conhecer bem a língua portuguesa, é importante que tenha conhecimentos de história, geografia, literatura e arte e uma boa cultura geral para reconhecer eventuais deslizes de conteúdo cometidos pelo autor. Tem de saber, por exemplo, que o linguista Ferdinand de Saussure não é inglês nem francês, mas suíço; que a capital da Turquia é Ancara, não Istambul; e assim por diante.

Conforme Sennet, citado por Houaiss (1983, p. 81), um profissional com essas qualidades provavelmente achará emprego mais bem remunerado. Mas o preparador, se não possuir essa formação, deve almejá-la. Para tanto, o preparador pode se valer de obras de consulta e referência, como dicionários, enciclopédias, gramáticas e páginas confiáveis da internet. O uso constante desse material permite aprimorar os conhecimentos do revisor.

A preparação de textos busca, de um lado, o refinamento de estilo e a correção gramatical; e, de outro, a normalização e padronização de realces gráficos (itálico, negrito, redondo), notas, citações, reduções e bibliografia, entre outros elementos. Esses dois polos destinam-se a tornar o texto o mais legível possível. Isso se faz por meio da adequação do texto ao leitor ao qual a obra se destina; pela eliminação de repetições, trechos prolixos e clichês; pela correção de erros de concordância e regência nominal e verbal, pontuação, grafia das palavras; e pela harmonização dos critérios de padronização (Martins Filho, 2016).

O grau de intervenção no texto dependerá da qualidade do original. Quanto menos problemas, menos mudanças e menos erros na prova final. O contrário é problemático. Originais com muitos erros e sem padronização alguma geram obras com problemas. Por isso, o trabalho do preparador de textos é fundamental.

3.3.1 Questões de estilo

O estilo envolve escolha e subjetividade, ao contrário da gramática, que prescreve regras. Mas o estilo também está associado a escolhas que estão acima do sujeito, pois também existem os estilos de época. Por um lado, o estilo, para Pierre Guiraud, citado por Martins (2012, p. 19), "resulta de uma escolha dos meios de expressão, determinada pela natureza e pelas intenções de quem fala ou escreve". Por outro lado, obedece às expectativas dos leitores e às formulações do gênero e do discurso predominante da época. Ou seja, o autor fará escolhas, criará desvios e se expressará de forma inesperada de acordo com o horizonte discursivo de sua época.

Atualmente, os manuais de estilo jornalísticos defendem uma escrita clara e objetiva, que prega a redação de frases e períodos curtos, sentenças na ordem direta, preferência pela voz ativa e economia no uso de adjetivos, entre outras sugestões. Essas formas remontam à virada estilística do século XIX, quando os escritores começaram a dispensar o que se denominava *períodos solenes*, optando por períodos mais enxutos. De acordo com Martins (2012, p. 180):

> No século XIX, a prosa romanesca passa por acentuada evolução. A frase longa, grave, de Herculano, por exemplo, começa a dar lugar a uma frase mais breve e arejada nas *Viagens na minha Terra*, de Garret [...]. O nosso Machado de Assis elege a frase curta, ou constituída de membros curtos quando um pouco mais esparramada, como veículo do seu humor e ironia.

Esses dois estilos conviveram durante algumas décadas entre o fim do século XIX e o início do XX, até que o estilo atual, o da *frase mais breve e arejada* se firmasse como predominante nas décadas de 1950 e 1960, quando os preceitos do jornalismo estadunidense chegaram às redações brasileiras e convergiram com a virada modernista iniciada três décadas antes.

Essa confluência enraíza-se na aproximação entre literatura e jornalismo que se desenvolveu no século XIX. Nesse momento, os escritores passaram a ganhar parte de seu sustento publicando nos periódicos da época. A maioria de nossos autores publicou em jornais nesse período, entre eles Joaquim Manuel de Macedo a Machado de Assis. A ideia de rapidez surge e passa a disseminar-se. O escritor cearense José de Alencar dizia "que escritos ao correr da pena são para serem lidos ao correr dos olhos" (1955, p. 27). Machado de Assis comparava a escrita jornalística ao voo do colibri: leve e rápida.

A ampliação do público leitor iniciada no Oitocentos foi acompanhada da expansão de jornais e editoras na Europa e em parte das Américas. A necessidade de abreviar o texto tornou-se quase um consenso. O filólogo português Manoel Rodrigues Lapa (1982, p. 10), em *Estilística da Língua Portuguesa*, é direto: "O carácter vertiginoso da nossa civilização impõe-nos a economia das palavras para se não perder tempo... e dinheiro. Na vida dos negócios há por vezes necessidade de fazer condensações enérgicas, limitando as palavras ao máximo, sem quebra de clareza do pensamento".

Mais de cinquenta anos depois, o escritor William Zinsser (2017) mostra que as ideias de economia e condensação textuais ainda vigoram, pois, segundo ele, o leitor de hoje "dispõe de 30 segundos de atenção", assediado que é por numerosas atrações que disputam seu tempo. A professora Nilce Sant'Ana Martins (2012, p. 181) constata, então, que "na atualidade [...] pode-se dizer que o mais comum é a frase curta, mas não telegráfica [...]".

Com isso, em geral, os manuais de redação e estilo – jornalísticos e editoriais – seguem essa linha. E os revisores também.

Mas como essas orientações se dão concretamente nas tarefas de preparação de textos ou revisão de originais? A palavra-chave é *clareza*.

Leia, a seguir, dois trechos de textos escritos na mesma época (o primeiro em 1880 e o segundo em 1884) e observe a diferença de estilo do ponto de vista da construção dos períodos.

Memórias póstumas de Brás Cubas, de Machado de Assis

CAPÍTULO 23 – Triste, mas curto

Vim. Não nego que, ao avistar a cidade natal, tive uma sensação nova. Não era efeito da minha pátria política, era-o do lugar da infância, a rua, a torre, o chafariz da esquina, a mulher de mantilha, o preto do ganho, as coisas e cenas da meninice, buriladas na memória. Nada menos que uma renascença. O espírito, como um pássaro, não se lhe deu da corrente dos anos, arrepiou o voo na direção da fonte original, e foi beber da água fresca e pura, ainda não mesclada do enxurro da vida. (Machado de Assis, 1880)

"Artigo-programa", de Rui Barbosa, publicado no jornal *O Paiz*

Por menos acreditados que estejam na vida pública os programas de todo o gênero, não há, contudo, armar tenda entre as fileiras mais ativas da imprensa, sem começar por dar conta aos nossos juízes da vocação ou do pensamento a que obedecemos.

> Num centro de civilização como este, onde a opulência intelectual da nossa pátria se reflete por tantas faces e tão brilhantemente no jornalismo, em órgãos que honram o país, a nossa espontaneidade seria uma ousadia, se o lugar que reclamamos não fosse apenas o de modesta colaboração entre os mais humildes trabalhadores na lida obscura de repartir manhã por manhã o pão do espírito, em pequeninos, ao círculo dos que leem e meditam. (Barbosa, 1956)

No fragmento de texto de Machado de Assis, vemos a forte presença de uma frase curtíssima abrindo o capítulo: "Vim", seguida de um período curto. Essa sequência só é quebrada na terceira sentença, mais longa, que o autor usa para concretizar sua cidade natal, evocando imagens dela. Em seguida, elabora mais uma oração concisa: "Nada menos que uma renascença".

Compare-o agora com o artigo de Rui Barbosa, com o qual o jurista e escritor baiano estreou sua coluna no jornal *O Paiz*. Os dois parágrafos iniciados por letra maiúscula e terminados por um ponto final, sem cortes, escancaram a diferença em relação ao texto de Machado de Assis.

3.3.1.1 CLAREZA

Clareza é o critério unânime nos manuais de estilo. O revisor de originais não pode ignorá-la. Mas como esse critério se efetiva no texto?

No manual de redação da *Folha de S.Paulo*, lemos que a *clareza* vem da escolha acertada das palavras, da boa sintaxe da frase, da coerência e da ausência de ambiguidade (Folha de S.Paulo, 2018, p. 74). No verbete *clareza* da seção "Estilo" do manual de redação, a finalidade desse critério é explicitada: "Cada frase precisa ser construída de forma a ser entendida facilmente e sem dar margem à ambiguidade" (Folha de S.Paulo, 2018, p. 129). Para isso, recomenda-se o uso da ordem direta, de frases curtas e da voz ativa. A clareza também é obtida por meio da objetividade, da precisão das palavras em relação ao sentido, da contenção do adjetivo, dos cuidados com o advérbio e da aversão ao clichê.

A **ordem direta** corresponde à sequência sujeito, verbo e complemento (quando houver) ou sujeito, verbo e predicativo do sujeito, como em "O atacante perdeu o gol", "O vereador não sabe escrever", "O presidente renunciou" e "Os melhores alunos são os secundaristas". O preparador de textos deve observar o estilo do autor e, dependendo do contexto, pode usar essa estrutura para clarear o texto.

Como vimos no texto de Machado de Assis, a *frase curta* veio para ficar. No entanto, é mais elegante alterná-la com sentenças mais longas. Leia este trecho de uma crônica de José de Alencar (1955, p. 32):

> Que importa que o sol esteja de icterícia, que a Charton enrouqueça, que as noites sejam frias e úmidas, que todo mundo ande de pigarro? Isto não quer dizer nada. Estamos na primavera.

Repare que o período inicial é construído por meio de um paralelismo que enfatiza um conjunto de elementos que serão rebatidos por duas sentenças curtas. A primeira dirá que nenhum deles importa ("Isto não quer dizer nada"); e a segunda explica o motivo ("Estamos na primavera"). O efeito deixa claro a ênfase na estação que chega, que está acima de todos os percalços. Uma sequência só com frases curtas torna o texto pobre, a menos que se queira produzir algum efeito estilístico. No trabalho do revisor, a frase curta auxilia na reorganização de períodos longos e cuja redação ficou confusa.

Se puder usar a **voz ativa**, descarte a voz passiva. É isso o que defende o manual de redação da *Folha de S.Paulo* e os manuais de jornalismo em geral. O preparador deve levar em consideração essa sugestão para o texto jornalístico e estendê-la para textos informativos. Mas jamais usar esse recurso a ferro e fogo. É uma questão de simplicidade e ênfase, não de norma. Leia estes exemplos apresentados por Lapa (1982, p. 138):

1) O criado abriu as janelas.
2) As janelas foram abertas pelo criado.
3) Abriram-se as janelas.

Perceba as diferenças de ênfase: na sentença 1, as luzes recaem sobre *o criado*; na 2, sobre *as janelas*; e, na 3, na *ação de abrir as janelas*. Nenhuma é melhor que a outra. Mas, do ponto de vista da leitura, a primeira é a mais simples, pois o leitor identifica logo o agente (*criado*) e o paciente (*janelas*) do verbo *abrir*. Na segunda, além de empregar mais palavras por causa da locução verbal (*foram abertas*) e da preposição (*por*), exige-se um pouco mais de raciocínio para organizar a inversão do par paciente-agente expresso na sentença. Na terceira sentença, apesar de concisa, inverte-se a posição do verbo e do sujeito, o que cria algum embaraço para o leitor. Nesse caso, a forma usada na fala seria ideal: "Abriu-se as janelas", em que a indeterminação do sujeito substituiria o sujeito posposto. A norma-padrão, porém, ainda repele essa construção, o que dificulta o trabalho do revisor em alguns momentos.

Há várias construções determinadas pela norma-padrão, como a da voz passiva sintética, que encontram-se em desuso e que muitas vezes passam despercebidas pelo revisor. O uso dos pronomes átonos no início de frase ("*Me* encontrava preso a lembranças amargas") e do pronome sujeito na posição de complemento verbal ("Encontrei *ele* na praça Castro Alves"), por exemplo, são formas que fogem à regra gramatical, porém são empregadas tanto na escrita como na fala por boa parte dos brasileiros, incluindo os cultos.

O revisor deve avaliar seu emprego de acordo com o contexto. Em obras literárias não há razão para coibir essas construções, mas em obras acadêmicas deve-se corrigi-las. Há textos, porém, que não cabem nessas duas classificações. Neste caso, o revisor precisa avaliar o registro mais adequado para o texto e, para tanto, deve conhecer o público ao qual ele se destina e o suporte em que é escrito, entre outros aspectos. A clareza também depende do uso adequado das variantes da língua em relação à situação de comunicação.

Além disso, o revisor deve estar atento ao estilo e às características dos gêneros. Por exemplo, há mais ocorrências de voz passiva em textos acadêmicos (inclusive a sintética) do que em textos informativos, nos quais predomina a voz ativa. O preparador de textos ou revisor de originais deve identificar os excessos de um e de outro e mesmo a inconsistência em alguns casos do uso dessas formas para enfatizar determinada ideia. E também deve saber como indicá-lo no papel e no computador.

3.4 Preparação de textos no papel

Hoje, o computador é onipresente em diversas atividades, entre elas a revisão de textos, porém não eliminou a revisão no papel. Muitas editoras ainda utilizam esse método por considerá-lo mais seguro, pois permite "com maior facilidade o rastreamento de todas as modificações por que passam os textos, garantindo sempre que o original se mantenha preservado" (Martins Filho, 2016, p. 152). Nessa modalidade, é possível confrontar com mais segurança o original com o texto editado e as provas. No entanto, por ser mais cara e demorada, a tendência é que a preparação em papel ocorra apenas em editoras e em algumas casas publicadoras.

Seja como for, a preparação no papel é o modelo no qual se basearam os programas de edição eletrônica para elaborar as ferramentas de revisão, sobretudo a ideia de inserção de marcas no original, que são destacadas de modo a distinguir as ações do revisor e do autor.

A revisão do original no papel precisa ser arejada. O diagramador não pode trabalhar com um texto borrado e confuso gráfica e visualmente. Por isso, o original preparado no papel deve ter uma entrelinha maior (espaço duplo) para que as marcas do revisor fiquem bem visíveis.

Nessa fase, o texto ainda não está diagramado e há muitas interferências do preparador. Além disso, as marcas são feitas no corpo do texto, diferentemente das intervenções na revisão de provas, cujas alterações são indicadas nas margens do texto diagramado.

As primeiras marcações, contudo, são as de estruturação da página. No papel, indicam-se os pré-textos e o número da página, o que dará as balizas para a numeração de todo o livro. O preparador deve indicar no alto do original o número a que a página corresponde. Quando ocupar duas páginas, deve marcá-las juntas, fazendo um círculo em volta de cada algarismo, assim: 1/2. Veja alguns exemplos a seguir (Martins Filho, 2016).

Figura 3.2 – Folha de rosto (página 3)

José Gomes de Moraes Neto

A arte do cinema

Editora Olho Vivo
Ano 2020

Figura 3.3 – Página de créditos (página 4)

Copyright 2020 © by José Gomes de Moraes Neto
Direitos autorais protegidos pela Lei 9.610 de 19.2.1998.
É proibida a reprodução total ou parcial deste livro sem autorização, por escrito, das editoras e do autor.

Dados Internacionais de Catalogação na Publicação (CIP)
(Câmara Brasileira do Livro, SP, Brasil)

Moraes Neto, José Gomes de
A arte do cinema/ José Gomes de Moraes Neto. Curitiba: Olho Vivo, 2020.

Bibliografia.
ISBN 123-45-6789-101-1

1. Cinema 2. Cinema – Estética 3. Filme cinematográfico I. Moraes Neto, José Gomes II. Título

Índices para catálogo sistemático:

1. Arte do cinema 791.43
2. Cinema – Estética 701.17
3. Filme cinematográfico 791.43

Impresso no Brasil
Direitos Reservados a Olho Vivo Editora
Rua Rolf Faria Gugisch, 7 . Pilarzinho
CEP 82120-290 . Curitiba . PR . Brasil

Figura 3.4 – Epígrafe (páginas 9 e 10)

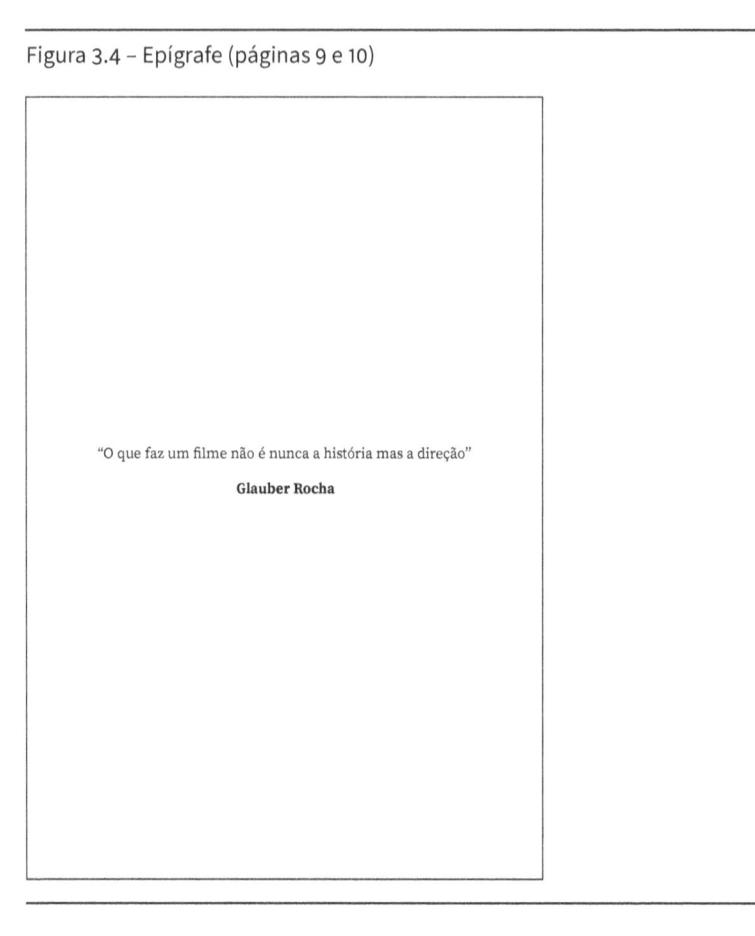

"O que faz um filme não é nunca a história mas a direção"

Glauber Rocha

Mais adiante, veremos como isso é feito na versão eletrônica.

3.4.1 As marcações e os sinais de revisão

Os sinais de revisão são um código elaborado pela tradição tipográfica e que consolidaram-se e internacionalizaram-se no século XX. Podem ser divididos em dois grupos: sinais codificados e sinais explicados. Os **sinais codificados** indicam o erro a ser corrigido, ao passo que os **sinais explicados** incluem uma explicação abreviada inserida em um círculo (Araújo, 2015). Os codificados são universais e bem conhecidos e indicam uma supressão ou o acréscimo de um termo ou de um trecho; já os explicados indicam, por exemplo, a inserção de destaques usando a abreviação de negrito (negr.) ou itálico (it.) dentro de um círculo.

A ABNT (2002b) classifica esses sinais por meio da utilização de critérios textuais ou visuais, separando-os em *códigos de correção de texto* e *códigos de correção tipológica* ou *visual*. Os de correção de texto referem-se a erros textuais; e os tipológicos dizem respeito a alterações visuais.

Os sinais de texto assinalam erros de digitação, omissão de letras, de espaço, acréscimos de palavras etc. Os visuais servem para indicar as inserções ligadas à normalização tipográfica, como itálicos, negritos, abrir parágrafos, trocar a fonte e alinhar o texto. Nos quadros a seguir, reproduzimos os sinais da NBR 6025.

Quadro 3.3 – Sinais de correção de texto

Sinal	Ação indicada	Sinal	Ação indicada
⌒	Unir	1 3 2 5 4	Transpor (para várias palavras consecutivas)
X ou φ	Suprimir letras[1]	V.O ou	Salto de trecho (ver original)[1]
├───────┤	Suprimir palavras ou trecho	⌐ ou	Subscrever caractere[1]
↕	Suprimir espaço	⌐ ou	Sobrescrever caractere[1]
# ou][	Separar letras ou palavras[1]	♂	Colocar a palavra ou trecho no ponto indicado pela seta
⊗ ou ℗	Retirar e unir[1]	?	Há dúvida (revisor deve resolver com autor)
✓	Inserir	/	Substituir letra
⌐⌐ ⌐⌐	Transpor letra, palavra ou trecho	/ ⌐ F7 ↓↓↑	Variações da barra de atenção (para muitos erros na mesma linha)
Ɔ Ϛ	Transpor linhas	Vale ou -----	Correção indevida (permanece o texto anterior)

1 Deve-se optar por um único sinal

Fonte: ABNT, 2002b.

Quadro 3.4 – Sinais de correção visual

Sinal	Ação indicada	Sinal	Ação indicada
[ou]	Abrir parágrafo[1]	(Red) ou (rom)	Alterar para estilo normal ou redondo[1]
↰	Recorrer texto	(CA)	Usar caixa-alta
[ ]	Centralizar texto	(cb)	Usar caixa-baixa
⌐	Alinhar texto à esquerda	(Cab)	Usar caixa-alta e baixa
⌐	Alinhar texto à direita	(Vv)	Usar versal-versalete
⟍	Abrir entrelinha	⌇⌇	Evitar brancos entre as linhas do texto
←ꞁ ou ←×	Diminuir entrelinha	⌇	Evitar sequência de brancos no final de linha
(fonte)	Alterar tipologia	⌇ ou ⌇	Evitar sequência de hifens nos finais de linha (não quebrar palavras)[1]
(it)	Alterar para itálico	☐	Evitar palavras ou trechos repetidos em linhas seguidas
(neg) ou (bold)	Alterar para negrito[1]	⎽⎽⎽	Descondensar texto

1 Deve-se optar por um único sinal

Fonte: ABNT, 2002b.

Na prática, o original em papel fica semelhante à lauda apresentada na figura a seguir.

Figura 3.5 – Lauda com marcas de revisão de original

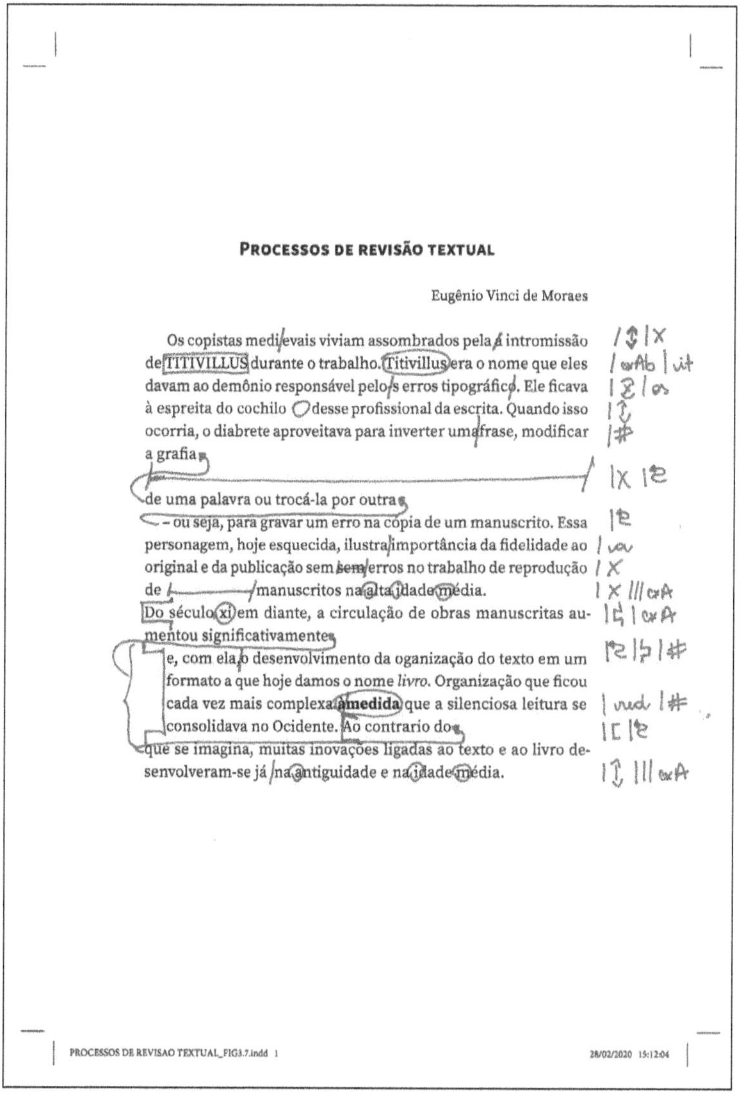

PROCESSOS DE REVISÃO TEXTUAL

Eugênio Vinci de Moraes

Os copistas medievais viviam assombrados pela a intromissão de TITIVILLUS durante o trabalho. Titivillus era o nome que eles davam ao demônio responsável pelos erros tipográficos. Ele ficava à espreita do cochilo desse profissional da escrita. Quando isso ocorria, o diabrete aproveitava para inverter uma frase, modificar a grafia

de uma palavra ou trocá-la por outra

– ou seja, para gravar um erro na cópia de um manuscrito. Essa personagem, hoje esquecida, ilustra importância da fidelidade ao original e da publicação sem sem erros no trabalho de reprodução de manuscritos na alta idade média.

Do século xi em diante, a circulação de obras manuscritas aumentou significativamente

e, com ela, o desenvolvimento da oganização do texto em um formato a que hoje damos o nome *livro*. Organização que ficou cada vez mais complexa **amedida** que a silenciosa leitura se consolidava no Ocidente. Ao contrario do

que se imagina, muitas inovações ligadas ao texto e ao livro desenvolveram-se já na antiguidade e na idade média.

PROCESSOS DE REVISAO TEXTUAL_FIG3.7.indd 1 28/02/2020 15:12:04

O diagramador, então, vai compor o texto com base na lauda revisada. Terminada a composição, imprime-se a primeira prova, que será encaminhada para o editor e depois para a revisão de provas (ver Capítulo 6).

3.5 Preparação de textos no computador

A preparação de textos em meio eletrônico vem se impondo. Rapidez, custo mais barato e agilidade são aspectos que tornam essa modalidade quase incontornável, sobretudo na revisão de originais, quando a quantidade de intervenções no texto é maior. A revisão de provas, como o próprio nome diz, é realizada nos textos impressos. Em algum momento da produção, a correção das provas impressas é imprescindível, pois a visão da folha ou da página é fundamental para garantir uma boa publicação.

Como na revisão em papel, o preparador deve assinalar a estruturação do livro por meio da indicação dos paratextos. Não há uma regra universal, mas em geral marcam-se as páginas escrevendo o nome do pré-texto ou pós-texto entre colchetes, seguido de quebra de página e da indicação seguinte, incluindo a página em branco. A abertura de partes ou capítulos também deve ser assinalada, respeitando-se o plano da obra.

Figura 3.6 – Marcação de estruturação de original: dedicatória

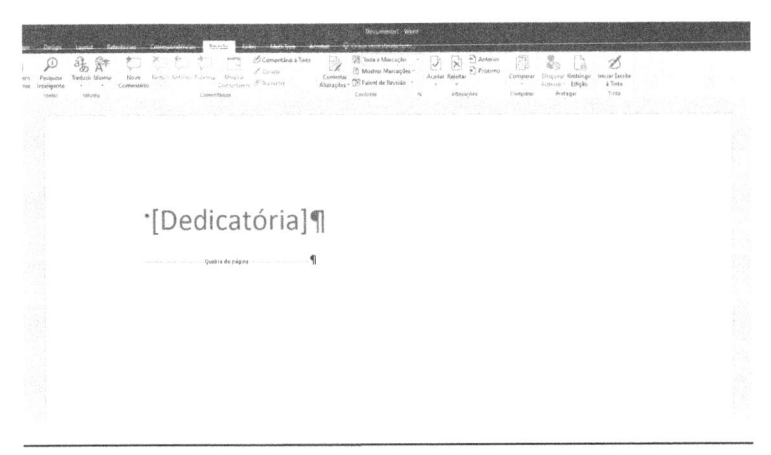

Figura 3.7 – Marcação de estruturação de original: página em branco

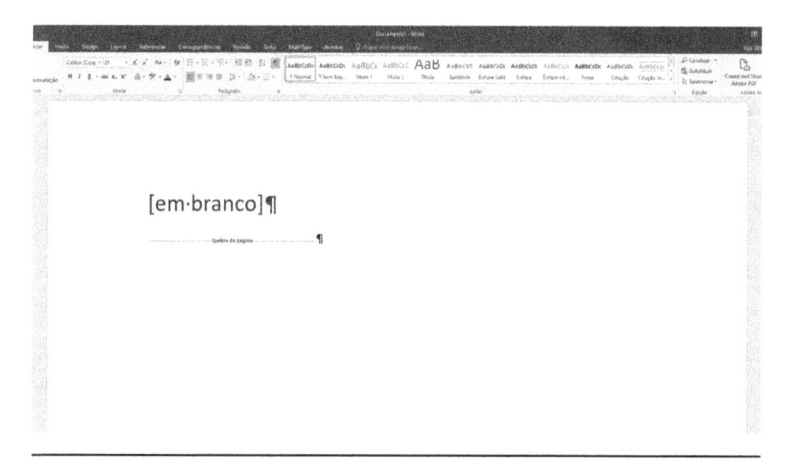

As marcas de revisão textual relativas à normalização (alterações tipográficas e padronizações) e às correções de estilo e gramatical são geradas por ferramentas existentes nos editores de texto. Algumas delas reúnem as características das marcas de revisão de original e de provas, pois intervêm no corpo do texto com marcas (riscos, sublinhados e digitação), ao mesmo tempo que assinalam na margem, por meio de um risco vertical, a linha do texto na qual a alteração foi feita. Outras abrem uma caixa na margem direta com a reprodução da alteração feita no corpo do texto. Nos dois casos, é preciso acionar essa ferramenta clicando em *controlar alterações*, no caso do Word, ou acionando o modo *sugestão* do Google Docs.

Figura 3.8 – Controle de alterações acionado no Word

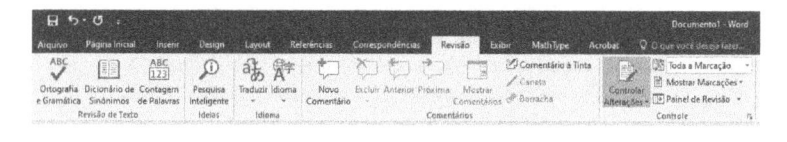

Figura 3.9 – Modo *sugestão* do Google Docs

Nessas modalidades, também é possível inserir comentários, por meio dos quais o revisor aponta dúvidas e sugestões para o autor ou o editor. As correções e os comentários ficam visíveis para o autor e o editor, que podem aceitá-los ou rejeitá-los. Esse recurso é um ganho em relação à preparação no papel, dada a facilidade de inserir mudanças, aceitá-las e deletá-las.

Alguns programas permitem que se escolha a forma de exibição das marcações, mostrando todas as alterações ou somente as barras verticais indicativas. A primeira forma é útil para o autor ou o editor identificarem as alterações feitas no corpo do texto, enquanto a segunda é mais conveniente para quem está editando o texto, pois as marcas deixam o texto muito carregado de informações e com uma formatação um pouco diferente do original, já que acrescentam tachados simples e sublinhados, além de aparecer com uma fonte em cor diferente.

Figura 3.10 – Todas as marcações

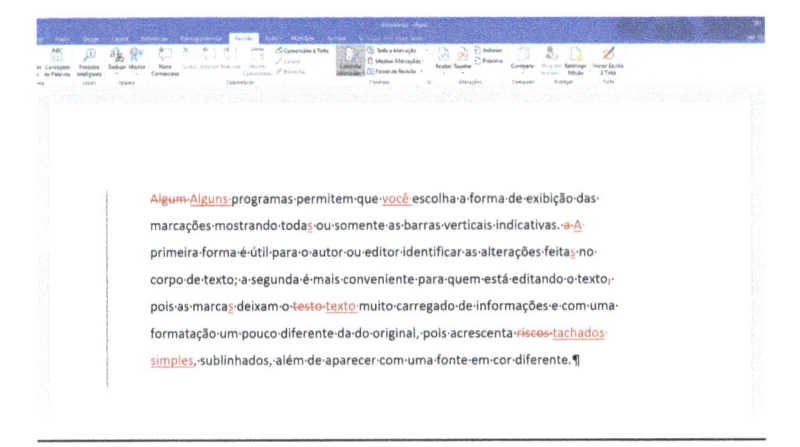

Figura 3.11 – Marcação simples

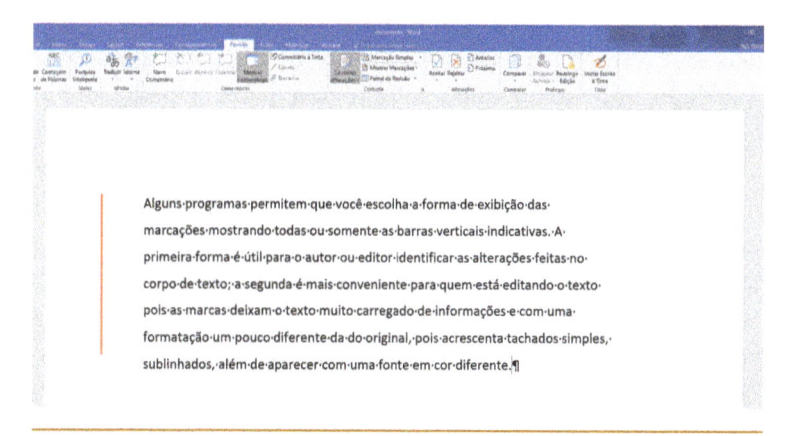

Em outros programas, não há essa alternativa. Neles, trabalha-se com as marcas no corpo do texto e a indicação dessa alteração em uma caixa de diálogo na margem direita do navegador.

Figura 3.12 – Marcas de revisão no modo *sugestão*

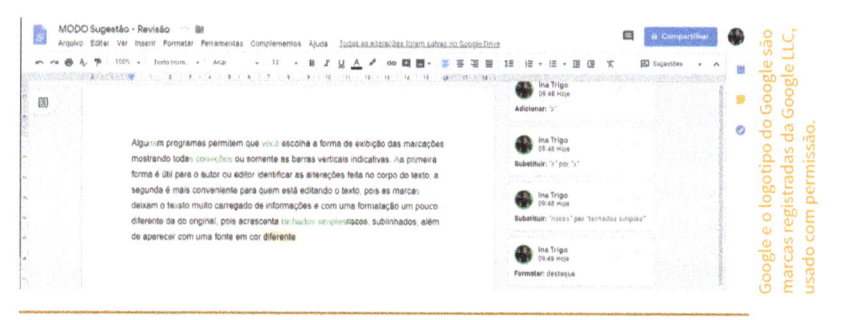

Lembre-se de que vivemos em um período cujas mudanças são muito rápidas. Quando você estiver lendo este livro, talvez esses programas tenham sido alterados, inserido novidades etc. De qualquer modo, esses são *softwares* em que é possível fazer uma revisão com boa margem de segurança.

As ferramentas de edição geralmente incluem revisores ortográficos automáticos. São programas à parte que podem estar inclusos nos editores de texto ou disponíveis na *web* no modo *on-line*. São úteis, mas devem ser utilizadas pensando no que elas são: ferramentas. Ou seja, são um meio para realizar uma atividade, não um aparelho autônomo a quem se pode confiar cegamente uma tarefa.

Os corretores ortográficos são eficientes para corrigir erros de digitação e grafia de palavras e alertar sobre concordâncias nominal e verbal erradas ou presença ou ausência de crase. Porém, em todos esses casos, devemos desconfiar das escolhas e sugestões feitas por eles, pois o corretor pode sugerir correções equivocadas e deixar passar erros, como "O *concerto* do carro ficou caro", "O *conserto* de Mozart empolgou a plateia", "*seção* de cinema" e "*iminente* professor". Nesses casos, as palavras apresentam grafia correta, mas estão sendo usadas em contextos inadequados, sendo "O *conserto* do carro ficou caro", "O *concerto* de Mozart empolgou a plateia", "*sessão* de cinema" e "*eminente* professor", respectivamente, as construções apropriadas.

Há corretores *on-line,* como o Flip, o Orangoo e o LibreOffice. Neles, é possível digitar ou colar o texto em plataformas *on-line* e fazer as verificações ortográfica e gramatical. O Flip, por exemplo, sugere corrigir *verbal* para *verbais* na construção usada no parágrafo anterior: concordâncias nominal e verbal erradas. É uma sugestão equivocada, pois os dois adjetivos (*nominal* e *verbal*) que se seguem ao substantivo *concordâncias* não têm razão de ir para o plural. Portanto, é bom usar esses corretores, mas não guiar-se completamente por eles.

Além disso, o corretor insiste em tirar os acentos dos verbos no infinitivo seguidos de pronomes átonos, como *compra-lo* (a norma recomenda *comprá-lo*) e sugerir crase quando não há, entre outros casos. A melhor forma de trabalhar com ele, em textos mais curtos, é fazer a verificação no final, quando é possível acompanhar as sugestões de mudança caso a caso. De todo modo, com a prática, o revisor aprende a manobrar bem essa ferramenta.

Terminada a preparação do original, o texto deve ir para o autor, que aceitará ou rejeitará as alterações do revisor. Neste momento, a relação pode ser direta entre autor e revisor ou mediada pelo editor. Uma vez resolvidas as pendências e dúvidas, o texto volta para o diagramador, que incorporará todas as mudanças produzirá a primeira prova.

SÍNTESE

Neste capítulo, vimos que o processo de transformação do original em um produto editorial passa por sua organização, uniformização e correção. A organização diz respeito às divisões do livro; à uniformização, à padronização de realces, grafias e notas; e à correção, à correspondência adequada do texto às normas tipográficas e linguísticas.

Esse trabalho geralmente é realizado pelo preparador de textos, também chamado *editor de textos*, que poderá fazê-lo no papel ou no computador.

O primeiro passo é organizar o livro segundo os elementos textuais adequados ao tipo de obra editada. O preparador deve sempre ter em mente os critérios do editor para quem está trabalhando ou seguir as normas da ABNT quando estiver trabalhando com um texto acadêmico.

A preparação pode ser feita no papel ou no computador. Para isso, há sinais específicos consagrados pela tradição editorial. No papel, os sinais devem ser inseridos diretamente no corpo do texto, de modo claro e limpo, a fim de facilitar o trabalho posterior do compositor de textos ou diagramador.

Ao trabalhar no computador, o preparador precisa conhecer as ferramentas de revisão do programa com o qual estiver trabalhando. Dependendo da relação com o autor, o preparador pode usar modos diferentes de apresentar as marcas de revisão. Elas podem ser menos ou mais visíveis. Um programa bastante utilizado pelo revisor é o corretor ortográfico, que em geral faz parte do *software* de edição de textos ou está disponível *on-line*. Esse programa deve ser usado como um auxiliar da revisão, nunca automaticamente.

1. Leia o trecho a seguir:

   Paralelamente, o livro impresso é reconhecido a partir daquilo que lhe é característico enquanto objeto material, em sua forma enunciativa. O tipo de papel utilizado; o formato; as sequências de elementos pré-textuais [...], textuais e pós-textuais [...]; além dos itens próprios do meio, como capa, orelhas, lombada [...], que são características da enunciação do livro, de suas estratégias de contato, e o fazem reconhecível a partir da sua materialidade, da sua embalagem, da sua forma. (Macedo; Lacerda, 2012, p. 4)

   O livro impresso deu um salto em relação ao códice ao incorporar a imagem à sua organização. A preservação, modificação e criação de paratextos contribuiu para efetivar a identidade do livro como o conhecemos hoje. São elementos pré-textuais:
   a) colofão, prefácio e falsa folha de rosto.
   b) sumário, índice e referências bibliográficas.
   c) citação, introdução e folha de rosto.
   d) notas de rodapé, folha de rosto e dedicatória.
   e) epígrafe, folha de rosto e sumário.

2. Leia o trecho a seguir:

   O objeto impresso impõe-lhe sua forma, sua estrutura, suas disposições e não supõe, de modo algum, sua participação. Se, assim mesmo, o leitor pretende inscrever sua presença no objeto, só pode fazê-lo ocupando, sub-reptícia e clandestinamente, os lugares do livro preteridos pela escrita: interiores da encadernação, folhetos deixados em branco, margens do texto etc. (Chartier, 1994, p. 192)

Chartier comenta a imposição ao leitor dada pela forma do livro. Entre os elementos que orientam e, de certo modo, cerceiam a leitura estão os paratextos. Assinale a alternativa que indica, respectivamente, um elemento textual e outro pós-textual:

a) Notas de rodapé e posfácio.
b) Citação e colofão.
c) Prefácio e nota de fim de capítulo.
d) Índice onomástico e folha de rosto.
e) Cabeço e sumário.

3. Leia o trecho a seguir:

A função necessariamente crítica [...] exige perspicácia [do preparador de texto]. Depreender as armadilhas da linguagem, reconhecer ambiguidades e impropriedades vocabulares em meio à construção de frases e períodos gramaticais dependem em boa parte do discernimento pessoal do preparador. Como bom investigador da minúcia, ele deve ser capaz de captar o tautológico, o falacioso, o contraditório, o indevido, sempre presentes nos escritos. Trata-se, ademais, de um trabalho em que o aprendizado e o aperfeiçoamento contínuos estão implícitos, de modo que o que não se sabe obrigatoriamente tem de ser aprendido como exigência da própria tarefa. (Morissawa, 2015c, p. 19)

A preparação de originais envolve uma série de tarefas, entre elas a revisão de estilo. Delicado, esse processo leva em conta as particularidades do texto do autor e só deve sofrer modificações para torná-lo mais claro quando necessário. Leia as afirmações a seguir:

I) O estilo do autor deve ser atraente, motivo pelo qual o revisor, sempre que puder, deve substituir, com períodos ou frases solenes, os períodos breves ou as frases curtas redigidos pelo autor.

II) O preparador colabora com a clareza do texto ao substituir, quando necessário, períodos longos e orações invertidas por períodos curtos e na ordem direta.

III) A ordem direta e a voz ativa tornam o texto mais fácil de ser lido porque privilegiam a relação entre agente e verbo, algo que não ocorre quando o sujeito é paciente da ação verbal ou quando o verbo antecede o sujeito da oração.

Está correto apenas o que se afirma em:

a) I.
b) II.
c) III.
d) II e III.
e) I e III.

4. Leia o trecho a seguir:

> Convém lembrar, no entanto, que embora essa maravilha da tecnologia facilite em muito a vida do autor e dos profissionais envolvidos na edição de livros, ela criou a falácia de que "o computador resolve". Embora permita essencialmente ganho de tempo, o uso da informática na redação, editoração e diagramação de livros requer cuidado redobrado. De acordo com Leonard Shatskin, a informática levou vinte anos para ser adequadamente utilizada na área nos Estados Unidos [...].
> (Morissawa, 2015b, p. 18)

Um dos instrumentos que auxiliam na tarefa de preparação de textos em meio digital é o revisor ortográfico. Ele ajuda o corretor em várias situações referentes à revisão gramatical. Sobre essa ferramenta, leia as afirmativas a seguir:

I) O corretor ortográfico reconhece bem o contexto textual e orienta corretamente a revisão envolvendo palavras homônimas, como *conserto/concerto* e *são* (adjetivo)/*são* (verbo).

II) O corretor ortográfico é eficiente, capaz de checar muito bem a grafia das palavras e até a crase. Contudo, cabe ao revisor verificar cada alteração sugerida por ele, pois o corretor nem sempre reconhece os contextos textuais.

III) Formas como a do infinitivo sucedido de pronome oblíquo (*comprá-lo, vendê-lo*) e termos homônimos (*crítica/critica*) ou são corrigidos incorretamente ou o contexto de uso não é identificado pelo corretor ortográfico.

Está correto apenas o que se afirma em:

a) II e III.

b) II.

c) III.

d) I e III.

e) I e II.

5. Leia o trecho a seguir:

> Para executar sua tarefa, o revisor de provas gráficas deve ter memorizado certo número de sinais, na realidade, aqueles que são mais frequentemente utilizados, uma vez que, ao todo, eles ultrapassam a centena. Esses sinais, cuja normalização é internacional, são o guia do revisor [...]. (Moraes, 2015, p. 49)

Considere as afirmações a seguir, acerca das diversas formas de classificar os sinais de revisão:

I) Os sinais codificados são universais e conhecidos pelos revisores sem necessidade de explicação.

II) Os sinais de correção tipológica são empregados para marcar os erros textuais.

III) Os sinais explicativos são marcados com uma abreviação envolvida por um círculo que aponta para a correção requerida.

Está correto apenas o que se afirma em:
a) I.
b) III.
c) I e III.
d) I e II.
e) II e III.

ATIVIDADES DE APRENDIZAGEM ──────────────

Questões para reflexão

1. Leia o trecho a seguir:

   > É certo que há diversos graus de intervenção em um texto, que variam de acordo com cada caso, mas há livros que exigem ser parcial ou completamente reescritos pelo preparador [...].
   > (Cardoso, 2019, p. 12)

   O preparador de textos ou revisor de originais muitas vezes se depara com a situação apresentada no trecho anterior, ou seja, vê-se diante de um texto que precisa ser reescrito. Isso implica uma intervenção mais radical do que a corriqueira revisão de estilo. Cite pelo menos duas situações em que isso pode ocorrer.

2. O revisor deve conhecer as várias possibilidades de organização do texto em uma publicação. Seja em livro, seja em gêneros acadêmicos ou digitais, o estabelecimento do texto segue padrões. Porém, há variações que ocorrem por causa do gênero textual e do suporte de publicação, entre outras razões. Para você verificar isso mais de perto, selecione dez obras publicadas e analise a ocorrência dos elementos paratextuais (pré-textos, texto e pós-textos) em cada uma delas. Sugerimos que selecione deste modo:

- 3 obras literárias: um romance, um livro de contos e um livro de poesias;
- 2 obras de não ficção da área de ciências humanas;
- 2 obras de não ficção da área de ciências exatas ou biológicas;
- 1 livro didático;
- 1 obra acadêmica;
- 1 livro no formato ePUB.

Atividade aplicada: prática

1. Faça um exercício de revisão de estilo. Escolha um artigo de revista acadêmica, selecione um trecho e transforme-o em um texto jornalístico. Lembre-se de que você terá de mudar toda a padronização, além de transformar o estilo, deixando-o mais leve, simples e direto. Depois, faça o inverso: escolha um texto jornalístico da área de cultura ou ciência, selecione um trecho e transforme-o em um texto acadêmico.

NORMALIZAÇÃO: QUESTÕES ORTOGRÁFICAS

4

A normalização é o processo por meio do qual se padroniza um texto. É uma etapa que dá bastante trabalho ao preparador, pois envolve a aplicação das normas tipográficas (negrito, itálico, maiúsculas, minúsculas, versaletes) e ortográficas (grafia de palavras, acentuação, pontuação, sinais diacríticos) e a padronização de reduções (siglas e abreviaturas), citações e notas. Por esse motivo, em grandes editoras, um profissional faz esse trabalho enquanto outro executa a revisão, incluindo a revisão da normalização. Mas, em geral, é o mesmo profissional que realiza os dois trabalhos.

A normalização pode ser empírica ou teórica. A *empírica* é executada pelas editoras comerciais, que adaptam as normas à realidade do livro a ser publicado. A raiz grega da palavra *empírico* é *emperikós*, que significa "guiar-se pela experiência" (Houaiss, 2020). É o que as editoras fazem: avaliam a melhor maneira de editar o livro que têm em mãos (o objeto empírico) guiando-se pela prática e pela tradição editoriais e com base nas normas tipográficas e linguísticas. Portanto, é mais flexível.

Flexível, porém, não significa sem fundamento ou modelo. As editoras comerciais adotaram e adaptaram os padrões do *The Chicago Manual of Style* (em português, *Manual de estilo de Chicago*), publicado em 1906, hoje em sua décima sexta edição (2010). Outro livro que serviu de parâmetro para editores brasileiros foi *Elementos de bibliologia* (1967), de Antonio Houaiss. Segundo Araújo (2008, p. 29), essa obra foi responsável pela transição entre as edições amadorística e profissional no Brasil. Além desses livros, os editores também guiaram-se pelo *Formulário ortográfico da língua portuguesa* (1943), editado pela Academia Brasileira de Letras, e pelas obras completas de autores nacionais, como a de Machado de Assis coordenada por Afrânio Coutinho em 1959.

Com a consolidação da ABNT no Brasil, os editores incorporaram parte de suas normas, sobretudo as destinadas a referências bibliográficas e citações. Assim, os editores comerciais padronizaram seus livros empregando as normas pontuadas em diferentes obras e incorporaram as da ABNT à medida que estas foram ampliadas e adotadas em textos acadêmicos e obras gerais.

A **normalização teórica** é aquela aplicada em documentos e textos acadêmicos e científicos. A ABNT é sua principal referência, mas não a única. Existem as normas do sistema Vancouver e da American Psychological Association (APA), além dos manuais que regem a padronização dos documentos oficiais, como o *Manual de redação da Presidência da República*, de 1991, e o da Secretaria Especial de Comunicação Social (Secom).

A ABNT foi criada em 1940 e, sete anos depois, participou da fundação da International Organization for Standardization (ISO)[1], da qual faz parte atualmente. Destinada a regular todas as normas técnicas referentes a objetos produzidos no país, a ABNT criou o Comitê Brasileiro de Informação e Documentação (ABNT/CB-14), responsável por elaborar as normas dos trabalhos acadêmicos. No Anexo desta obra, há uma lista com todas as normas (NBRs) relativas a trabalhos acadêmicos. Sem dúvida, são as normas mais utilizadas no país e as mais aceitas pelos meios acadêmico e editorial. Ou seja, regulam boa parte dos textos científicos do país e influenciam a normalização de obras não acadêmicas.

Os estilos Vancouver e APA surgiram para normalizar artigos publicados em revistas acadêmicas canadenses e estadunidenses. O Vancouver foi criado em 1978 na cidade canadense que lhe dá o nome. De acordo com Funaro (2016, p. 15), essas normas foram estabelecidas para a área médica "tendo como base o padrão da American National Standards Institute (ANSI) adaptado pela US National Library of Medicine (NLM), publicado em 1978 como

---

1 O nome *ISO* remete ao prefixo grego *-is(o)*, que significa *igual*. Não é uma sigla.

'Requisitos uniformes para os manuscritos apresentados às revistas biomédicas"'.

Com o tempo, essas normas se expandiram e tomaram certo ar de padrão internacional para publicações científicas nas Américas. Hoje, levam o nome *International Committee of Medical Journals Editors* (Comitê Internacional de Editores de Revistas Médicas). Por sua especificidade, suas normas só serão tratadas aqui pontualmente, na seção do Capítulo 5 destinada à padronização de citações e referências bibliográficas.

O estilo APA foi criado pela Associação Americana de Psicologia, que também abrange acadêmicos e profissionais dos Estados Unidos e do Canadá. Suas normas foram estabelecidas na década de 1930 também para revistas científicas da área (Funaro, 2016). Vinte anos mais tarde, a associação publicou o *Publication Manual of the American Psychological Association* (Manual de Publicação da Associação Americana de Psicologia), que extrapolou a área e passou a ditar normas também para publicações das áreas de ciências sociais e humanidades. Atualmente, o estilo APA está na sétima edição. Assim como o estilo Vancouver, as normas da APA serão mencionadas pontualmente no Capítulo 5.

Neste capítulo, abordaremos a normalização em relação às questões de ortografia e no que diz respeito às reduções (abreviações, abreviaturas, siglas e unidades de medida). Nesses tópicos, discutiremos as diferenças entre as normalizações empírica e teórica.

4.1 Ortografia

Grafar as palavras de "forma certa ou correta" é o que a etimologia da palavra *ortografia* revela. *Ortografia* é um termo técnico formado por dois termos gregos – *orthós* e *grafhê* –; o primeiro significa "reto, direito, correto, normal"; o segundo, "escrita, escrito, documento". O Houaiss (2020) define ortografia como um:

conjunto de regras estabelecidas pela gramática normativa que ensina a grafia correta das palavras, o uso de sinais gráficos que destacam vogais tônicas, abertas ou fechadas, processos fonológicos como a crase, os sinais de pontuação esclarecedores de funções sintáticas da língua e motivados por tais funções etc.

No âmbito da revisão textual e da editoração, a ortografia incide diretamente no uso de maiúsculas e minúsculas, na grafia de nomes próprios e comuns, na divisão silábica, na pontuação e nas reduções. Nesta seção, trataremos do uso de maiúsculas e minúsculas e das reduções.

A ortografia é uma convenção, ou seja, um conjunto de normas fixadas por instituições públicas ou mistas que buscam uniformizar a escrita para que não haja ambiguidades e desentendimentos acerca do texto escrito.

A fala, ao contrário, é forjada naturalmente, por um lado, e socialmente, por outro, mediante a interação entre os usuários da língua. Até o século XIX, por exemplo, falava-se *vosmecê* no Brasil e hoje se fala *você*, mudança que se explica pela relação entre as forças internas da língua e o meio social, que fogem às regras artificiais. A ortografia, por sua vez, busca em dado momento **fixar a forma mais recorrente na escrita**, obedecendo a regras fonéticas ou etimológicas.

No Brasil, alternaram-se os critérios fonéticos (ou fonológicos) e etimológicos, prevalecendo hoje o primeiro. Isso explica por que escrevemos *futebol* e não *football*, *uísque* e não *whisky* – ainda que as duas formas tivessem coexistido em determinado período da história, como o par *football/futebol* até a metade do século XX e, hoje, pares como *whisky/uísque*, *stress/estresse*. Vejamos o caso do termo *on-line*. Neste livro, adotamos a forma prescrita pelo *Vocabulário ortográfico da língua portuguesa* (Volp), mas a ABNT, na NBR 6023: 2018, grafa *online*, o que certamente contribui para a indefinição de sua grafia.

Somam-se a isso as diferenças entre o português europeu e o brasileiro, cujas ortografias não são rigorosamente iguais, embora tenham se aproximado bastante com o acordo ortográfico atual, elaborado em 1990 e promulgado em 29 de setembro de 2008. O Volp serve como o parâmetro seguro para a grafia das palavras, ainda que não seja a única fonte. O fato de hoje seu acesso ser gratuito, via página da Academia Brasileira de Letras (ABL), facilita a consulta dos usuários da língua e a padronização textual. Para retomar o mantra deste livro, o revisor precisará se inteirar bem do padrão utilizado pelo órgão publicador. No caso de um trabalho privado, combinado entre revisor e autor, deve-se escolher o padrão mais adequado à obra.

4.1.1 Maiúsculas e minúsculas

Os profissionais de revisão costumam se referir às maiúsculas e minúsculas como caixa-alta (CA) e caixa-baixa (cb), respectivamente. É com essas abreviações, inclusive, que o revisor trabalha quando faz as marcações no papel. As maiúsculas também podem ser chamadas de *versal* ou *capital*. Outra forma de grafar as maiúsculas é reduzindo seu corpo à altura dos caracteres minúsculos, efeito tipográfico denominado *versalete*. Quando se usam as duas formas em uma mesma palavra, o jargão da área as chama de *versal-versalete*. Os programas de edição de texto costumam ter esse recurso, em geral, na barra em que estão disponíveis os efeitos de fonte.

Em regra, usam-se as minúsculas "em todos os vocábulos da língua nos usos correntes" (ABL, 2009). As maiúsculas destacam algo no meio dessa "corrente", como início de parágrafos e frases, nome de algo singular (o substantivo próprio), títulos e subtítulos em geral e dão ênfase a objetos, pessoas ou coisas com base em critérios sociais, ideológicos ou subjetivos.

Segundo Araújo (2008), essa função, que remonta à Antiguidade e à Idade Média, estabeleceu-se entre nós e vem sendo normalizada em língua portuguesa, seja pelos acordos ortográficos, seja pela ABNT, seja por manuais de ortografia ou de revisão, como os publicados por editoras ou jornais.

O uso também estabelece a ocorrência de minúsculas e maiúsculas e o modo como essas formas têm sido empregadas nos textos ao longo da história. Nem sempre, por exemplo, a tradição editorial coincide ou aceita as normas de uso vindas de órgãos institucionais ou de manuais. Araújo (2008, p. 77) afirma que "há verdadeiros abismos entre certos usos recomendados oficialmente e os da prática editorial e bibliotecnímica, por exemplo no emprego de maiúsculas e minúsculas; tais descompassos deviam ser urgentemente revistos pelos padronizadores da língua".

Essa diferença também se deve ao fato de que há muitos casos em que o uso de maiúsculas ou minúsculas é facultativo ou varia de acordo com a área em que o texto ou a obra se insere e o tipo de publicação. Editoras e jornais, por exemplo, preferem o uso de minúsculas. Para esses publicadores, é mais sensato "evitar destaques em demasia. Portanto, maiúsculas devem ser evitadas sempre que possível" (Martins Filho, 2016, p. 456). Há uma tensão entre áreas (e autores que transitam nelas) que preferem dar destaque a seus atores ou objetos (como direito, antropologia e medicina) e editoras, redações e diagramadores, que consideram o realce gráfico um recurso a ser usado com economia. No meio dessa discussão estão os revisores.

Vejamos, a seguir, as propostas de normatização listadas no Volp e vamos compará-las com as indicações editoriais.

4.1.1.1 NORMAS DO VOLP

O Volp lista oito itens que justificam o **uso de maiúsculas**. Alguns dos exemplos apresentados foram extraídos do Volp:

1) **Nomes de pessoas reais ou fictícias (antropônimos)**: *Francisco Alves Mendes Filho, Capitu, Dom Quixote.*

2) **Nomes de lugares reais ou fictícios (topônimos)**: *Conceição do Araguaia, Rio de Janeiro, Atlântida, Terra Média.*

3) **Nomes de seres fantásticos (antropomorfizados e mitológicos)**: *Adamastor, Netuno.*

4) **Nomes que designam instituições**: *Fundação Nacional do Índio, Faculdade de Filosofia, Letras e Ciências Humanas, Instituto de Pensões e Aposentadorias da Previdência Social.*

5) **Nomes de festas e festividades**: *Páscoa, Carnaval, Todos os Santos, Ramadã.*

6) **Títulos de periódicos**: *Agência Pública, O Estado de S. Paulo, Carta Capital.*

7) **Nomes de regiões**: *Nordeste, Norte, Centro-Oeste, Oriente Médio, Ásia Menor.*

8) **Siglas, símbolos ou abreviaturas internacionais ou nacionalmente reguladas com maiúsculas (iniciais, mediais, finais ou todas em maiúsculas)**: *FAO, NATO, ONU, Sr., V. Exª.*

Em seguida, o Volp aponta o caso de **maiúsculas facultativas** para nomes de logradouros públicos:

1) **Logradouros**: *rua da Liberdade* ou *Rua da Liberdade.*

2) **Templos**: *Igreja do Bonfim* ou *igreja do Bonfim.*

3) **Edifícios**: *edifício Cândido de Abreu* ou *Edifício Cândido de Abreu; palácio da Cultura* ou *Palácio da Cultura.*

No mesmo item, há uma observação sobre nomes que designam funções ou papéis hierárquicos, religiosos ou reverenciais, como *Doutor/doutor, Papa/papa, Senhora/senhora* e *Senhor/senhor,* considerando-os opcionais também, mas sem exemplificar.

Para as **minúsculas**, o Volp destaca seis casos, três de uso fixo (itens 1, 2 e 3) e três optativos (itens 4, 5 e 6):

1) **Nomes de dias, meses e estações do ano**: *segunda-feira, outubro, primavera.*

2) **Os termos fulano, sicrano e beltrano.**

3) **Pontos cardeais**: *norte, sul, leste* e *oeste* (as abreviaturas ficam em maiúscula: N, S, L, O).

4) **Nos títulos de livros (bibliônimos) após o primeiro termo no qual se usa a maiúscula, exceto em nomes próprios**: *Menino de engenho, Memórias póstumas de Brás Cubas.* O Volp admite o uso de maiúscula nos demais termos, exceto artigos, preposições e conjunções médias. Portanto, pode--se grafar também assim: *Menino de Engenho, Memórias Póstumas de Brás Cubas.*

5) **Termos usados para reverenciar o interlocutor (axiônimos) e termos religiosos (hagiônimos)**: *senhor doutor Joaquim da Silva/Senhor Doutor Joaquim da Silva, bacharel Mário Abrantes/Bacharel Mário Abrantes, cardeal Bembo/ Cardeal Bembo, santa Filomena/Santa Filomena.*

6) **Nome de cursos, disciplinas ou domínios de saber**: *português/Português, matemática/Matemática, língua e literatura modernas/Língua e Literatura Modernas.*

Ao final, o Volp admite variações de padrão em obras especializadas que adotem normas específicas, como as das áreas de antropologia, geologia e botânica[2].

Ou seja, há espaço para variações, algo que você já deve ter reparado nos diferentes textos que costuma ler. Haverá mais maiúsculas em textos oficiais, científicos e acadêmicos; e mais minúsculas em textos jornalísticos, literários e livros comerciais em geral.

---

2 Há mais observações e regras no *Formulário ortográfico de 1945*, reproduzido na edição do Volp. Algumas delas foram modificadas pelo acordo atual como o uso facultativo de maiúsculas para nomes de áreas de saber, logradouros e outras disposições.

Há mais normas que o acordo não explicita. Isso dá margem a considerar que o restante delas são as mesmas do *Formulário ortográfico de 1945*, reproduzido na edição atual do Volp. Mas como isso não está explicitado, passaremos para as indicações feitas pelos manuais empíricos, ou seja, de editoras e jornais, que especificam o uso de maiúsculas e minúsculas. A ABNT regula o uso delas apenas nas referências bibliográficas.

4.1.1.2 NORMAS EDITORIAIS

Vejamos o que os manuais de editoras acrescentam às regras do Volp. Algumas observações são retiradas do *Formulário ortográfico de 1945* e outras da tradição editorial. Só trataremos aqui das consensuais, menos marcadas pelas idiossincrasias do editor:

1) **Nomes de pessoas (antropônimos)**: Além das observações do Volp, também se usam maiúsculas em cognomes, alcunhas, hipocorísticos, antonomásias, pseudônimos e nomes dinásticos (Araújo, 2008): *Ricardo Coração de Leão, Sete-Dedos, Chico Mendes, Patriarca da Independência, João do Rio*, os *Braganças*.

   Quando se usam nomes de personagens fictícias referindo-se a uma característica e não especificamente a elas, grafa-se o nome com minúscula: *guloso como um pantagruel, um dom quixote das letras*.

2) **Nomes de lugares (topônimos)**: Há certa confusão no uso de topônimos. Nomes de acidentes geográficos em geral levam o nome do acidente em caixa-baixa e o nome específico do acidente em caixa-alta. Assim, em *rio Amazonas, oceano Atlântico, serra da Cantareira, pico da Neblina* e *mar Morto*, por exemplo, marcam-se as palavras *rio, oceano, serra, pico* e *mar* em minúscula porque são os nomes gerais dos acidentes; e *Amazonas, Atlântico, Cantareira, Neblina* e *Morto* em maiúscula, por serem os nomes específicos.

   Mas escreve-se com maiúsculas quando o acidente já se incorporou ao nome, como *Serra Pelada* e *Península Ibérica*.

Porém, essa incorporação não é uma unanimidade. Araújo (2008), por exemplo, prefere grafar *península Ibérica*, ao passo que Martins Filho (2016) escreve *Mar Morto*, e não *mar Morto*. Muitas vezes, decide-se isso considerando a obra que está sendo editada ou as diretrizes editoriais.

Essa flutuação também acontece com o nome de ruas, praças e avenidas. Em geral, jornais e livros grafam em minúscula os substantivos comuns *rua, largo, praça* e em maiúscula o nome do logradouro. Há, porém, casos em que o nome do local é conhecido em sua forma completa, ou seja, com o substantivo comum: temos então *bairro do Limão*, mas *Praça Onze* (Martins Filho, 2016).

3) **Nomes de seres fantásticos**: Aqui há uma oscilação diferente. Grafam-se em maiúscula *Atena, Baco, Júpiter, Minotauro, Iemanjá* e *Oxum*, por exemplo, mas escrevem-se *curupira, saci-pererê* e *lobisomem* em caixa-baixa, como sugere o *Manual da redação* da Folha de S.Paulo (2018). Como o *Formulário ortográfico de 1945* não dá exemplos de seres mitológicos brasileiros, parece haver uma distinção entre seres folclóricos e mitológicos ou antigos.

4) **Nomes de instituições**: Para institutos ligados ao Estado ou entidades afins, usam-se maiúsculas: *Ministério da Cultura, Supremo Tribunal de Justiça, Senado Federal, Faculdade de Direito*. Porém, quando generalizado, prefere-se a caixa-baixa: "O *senado* é uma instituição secular", "Os manifestantes postaram-se diante do *Ministério do Trabalho*", "Não havia seguranças no *ministério* àquela hora".

5) **As palavras *união* e *igreja***, no sentido, respectivamente, de reunião dos estados da federação e conjunto de fiéis e membros de um mesmo credo religioso escrevem-se com maiúscula: "As contas da *União* não fecharam este ano", "A *Igreja* católica soltou mais duas bulas papais esta semana". Mas quando expressam um sentido geral usam-se minúsculas: "A *igreja* que minha mãe frequenta fica perto daqui".

6) **A palavra *Estado*** é escrita em maiúscula quando tem o sentido de "conjunto das instituições (governo, forças armadas, funcionalismo público etc.) que controlam e administram uma nação <*a máquina política do Estado*>" (Houaiss, 2020). Quando refere-se às unidades da federação, usa-se caixa-baixa: *estado da Bahia, estado do Piauí,* com exceção dos documentos oficiais, nos quais geralmente vem tudo em caixa-alta: *Estado da Bahia, Estado do Piauí.*

7) **Nomes de períodos e episódios históricos:** Grafam-se em maiúscula: *Renascimento, Segunda Guerra Mundial, Antiguidade.* Existe variação para estilos ou correntes artísticas: há quem recomende a maiúscula para *Barroco* e *Romantismo,* como Martins Filho (2016); e quem preconize a caixa-baixa: *barroco, romantismo* (Araújo, 2008). Doutrinas ficam em minúsculas, como em *positivismo, marxismo, liberalismo* e *socialismo.* Nesse caso, o *Formulário ortográfico de 1945* recomenda o uso de maiúsculas. Porém, como já dissemos, não é possível ignorar as mudanças que as áreas acadêmicas e editoriais têm introduzido da metade do século passado para cá. Portanto, o uso tem cristalizado o emprego de minúsculas nesse caso.

8) **Gentílicos**: Adjetivos utilizados para nomear pessoas ou objetos de acordo com o lugar (país, região, estado, cidade, etnia etc.) do qual procedem ou em que nasceram: *literatura brasileira, soteropolitano* (nascido em Salvador, capital da Bahia).

Existe variação em relação aos nomes de grupos étnicos, em particular de etnias indígenas brasileiras. Os manuais indicam o uso de minúsculas: *índios xavantes, canelas, ianomâmis, waimiri-atroaris.* Os textos de antropologia, porém, grafam-nos com maiúsculas e muitas vezes só no singular: *os Xavantes/os Xavante, os Ianomâmis/os Ianomâmi, os*

Waimiri-Atroari. Nas etnias africanas, geralmente usam-se minúsculas como nas demais: *iorubás, bantos, mongóis, tuaregues*.

9) **Nomes de leis, decretos e portarias**: Escritos com minúscula mesmo acompanhados de número, com exceção de documentos oficiais, quando são grafados em maiúscula: *ato institucional nº 5, artigo 5º da Constituição Federal, instrução nº 307, decreto-lei nº 35.* Quando a lei ou o decreto vêm acompanhados de nome, usam-se maiúsculas: *Lei Áurea, Lei Rouanet, Lei Seca, Código Penal.*

Para se decidir em relação a essas variações, o revisor deve consultar os manuais adequados ao contexto em que está trabalhando – incluindo as normas da ABNT.

4.2 Reduções

ABNT, ABL, adj., compl., km, cm etc. Quem já não se deparou com essas reduções de nomes de entidades, associações, palavras e unidades de medida? Elas fazem parte do nosso cotidiano e ajudam a economizar espaço e tempo, facilitando a vida do leitor. Houaiss (1983, p. 120-121) considera que "O fato de esse fenômeno ocorrer em função da frequência do uso de certas palavras acarreta, automaticamente, a circunstância de que essas reduções possam se fazer necessárias ou úteis em determinadas obras, mas não noutras".

Usam-se as abreviações quando a obra assim o exige, como em dicionários, que registram verbete por verbete a classe da palavra, a rubrica à qual o significado da palavra pertence, e assim por diante; ou em teses, quando se cita com muita frequência uma fonte, o que justifica abreviá-la. Ou são formas que a tradição estabeleceu e, por isso, cristalizaram-se e em geral são conhecidas pelos leitores como as mencionadas no começo desta seção. Observe um exemplo a seguir (Aulete; Valente, 2014, grifos do original):

abreviatura

(a.bre.vi:a.*tu*. ra)

sf.

1. Ação ou resultado de abreviar; ABREVIAÇÃO

2. Gram. Representação contraída de uma palavra ou locução por uma ou mais letras dessa palavra, ger. as iniciais, seguidas de um ponto, p.ex. *dr.* (doutor), *ltda.* (limitada), *ilmo.* (ilustríssimo)

3. Gram. Redução do nome de uma entidade, país, empresa etc. a uma sigla formada por suas primeiras letras, p.ex. *ONU* (Organização das Nações Unidas), *IPTU* (Imposto Predial e Territorial Urbano)

4. Cifra ou sinal que representa uma palavra ou locução de forma mais curta e simbólica: *O sinal % é abreviatura de por cento.*

5. Mús. Forma da notação que utiliza certos sinais para indicar repetição de notas ou elementos melódicos iguais

6. Fig. Coisa em escala pequena, reduzida, diminuta; MINIATURA: *Seu brinquedo predileto era uma abreviatura do automóvel do pai*

7. Apresentação sucinta, resumo: *O ensaio é uma abreviatura de sua tese*

[F.: Do lat. *abbreviatura*. Cf.: *acrônimo, braquigrama* e *sigla.*]

As reduções são, então, a representação parcial, por meio de letras, de uma palavra ou de uma sequência delas (por exemplo: *adj.* – adjetivo e *ABNT – Associação Brasileira de Normas Técnicas*). São classificadas em abreviações, abreviaturas, siglas e símbolos. Há ainda as reduções ideográficas, que não trataremos aqui.

4.3 Abreviações e abreviaturas

Abreviações são as reduções casuais, feitas para resolver uma urgência comunicacional ou editorial. Pela repetição e pelo uso, acabam sendo reconhecidas pelos leitores, tornando-se *abreviaturas*, ou seja, reduções consagradas pelo uso, de tal modo que são reconhecidas mesmo sem sua transcrição.

Em uma publicação editorial ou acadêmica, esse fenômeno ocorre de modo um pouco diferente. As abreviações são adotadas caso haja necessidade e devem ser transcritas em uma lista nos elementos pré-textuais. Obras complexas de história, arquitetura e zoologia, entre outras, muitas vezes usam denominações técnicas e científicas que, abreviadas, ajudam na composição tipográfica e textual da obra.

As abreviações podem criar um sistema único em uma obra, como em uma publicação da área de agronomia em que a abreviação *agr.* é insuficiente para identificar as palavras empregadas nela (pode referir-se a *agrário, agricultura* ou *agrimensura*, por exemplo). Para evitar confusão, cria-se um sistema de abreviações assim: *agr.* = agrário, *agric.* = agricultura, *agrim.* = agrimensura. A lista de abreviações no início do livro informará o leitor. Isso não significa, porém, que essas abreviações serão usadas em outras obras, pois são formas que a especificidade da publicação exigiu (Araújo, 2008).

Quadro 4.1 – Extrato de lista de reduções do dicionário *Houaiss*

Redução	Significado
a.-al.	alto-alemão
a.-al.ant.	alto-alemão antigo
a.-ing.	alto-inglês
a.C.	antes de Cristo
abis.	abissínio
abl.	ablativo
abrev.	abreviação, abreviadamente, abreviatura
abs.	em sentido absoluto
abus.	abusivamente, abusivo
AC	Acre
ac.	acusativo
acp.	acepção ou acepções
AÇR	Açores
acs	acústica
adit.	aditamento
adj.	adjetivo
adj. e adv.	adjetivo e advérbio
adj. subst. masc.	adjetivo e substantivo masculino

Fonte: Houaiss, 2012.

As abreviações seguem uma regra geral que consiste na inserção de um ponto após a letra abreviada: *p., v., dr., sr., ang.-sax., Ch.* Não se abreviam palavras com quatro ou menos caracteres, a não ser que possam ser reduzidas a uma letra só: *v.* = ver. Por isso, a ABNT sugere não reduzir *maio*, único mês não abreviado em português. O plural é indicado pela repetição da letra abreviada ou inserindo um *s*, como nas reduções de *seguinte/seguintes* (*s./ss.*; *seg./segs.*) ou de *folha/folhas* (*f./ff.; fls.*).

O ponto geralmente é inserido depois da primeira consoante da primeira sílaba (feminino = *fem.*; alemão = *al.*) ou da última (adjetivo = *adj.*; complemento = *compl.*) (Martins Filho, 2016). Há abreviaturas que foram padronizadas com ponto depois de vogal, como *ago.* (agosto), *dra.*(doutora) e *cia.* (companhia), mas são menos comuns.

Você já deve ter visto abreviações que aglutinam as primeiras letras com a última da palavra, como *dra., cel.* (coronel), *cia.* e *ltda.* (limitada). No passado, teriam de ser grafadas com sobrescrito – *d.^{ra}, c.^{el}, c.^{ia}, l.^{tda}* – formas encontradas em obras ou documentos antigos. Era a forma que se usava nos pronomes de tratamento e, hoje, quase não são mais empregadas nesse padrão, a não ser em alguns documentos oficiais – *V.S.^{a}, Il.^{mo}*, abreviações de *Vossa Senhora* e *Ilustríssimo*, respectivamente, que hoje são grafadas *V.Sa.* ou apenas *V.S.* e *Ilmo.*

As abreviaturas, portanto, são as abreviações – seguindo essas ou outras regras – que tornaram-se tradicionais: "reduções tradicionais mais ou menos fixas (V., por você, V.M., por Vossa Mercê, Sr., por Senhor), chamadas abreviaturas" (ABL, 2009). Evidentemente, podem deixar de ser abreviaturas à medida que não forem mais usadas.

Essas reduções são classificadas por áreas ou tipos e são descritas em listas. Martins Filho (2016) as divide em três grandes grupos:

1) **Abreviaturas latinas**, produzidas na Antiguidade e na Idade Média por necessidade de economia de tinta e papel, sendo

pouco usadas hoje. Entre elas, temos *A.C.* (no ano de Cristo ou na era cristã), *A.D.* (*ano domini* = ano do Senhor) *c.* (*circa* = cerca de) e *etc.* (*et cetera* = outras coisas, assim por diante). Muitas são abreviaturas ligadas à referenciação bibliográfica, como *op. cit.* (obra citada), que Martins Filho (2016) elenca na terceira categoria.

2) **Abreviaturas ligadas às formas de tratamento**, títulos profissionais, eclesiásticos e nobiliárquicos, como *dra.*, *prof.* (Doutora e Professor); *Revmo.*, *S.Sa.* (Reverendíssimo e Sua Santidade); *Exmo.*, *S.Exa.* (Excelentíssimo e Sua Excelência).

3) **Abreviaturas de atividades e áreas especializadas** como as comerciais, musicais e bibliológicas: *A/C* (aos cuidados de), *at.te* (atenciosamente), *adag.* (adágio – lentamente), *mod.* (moderato – moderado), *et al.* (*et alli* = e outros), *N. do E.* (nota do editor).

> O revisor deve ter essas relações à mão para poder consultá-las quando necessário. Existe uma lista bastante extensa na seção "Reduções" da página virtual da Academia Brasileira de Letras (ABL):
>
> ABL – Academia Brasileira de Letras. **Reduções**. Disponível em: <http://www.academia.org.br/nossa-lingua/reducoes?sid=22>. Acesso em: 19 fev. 2020.

4.4 Siglas

Em 2003, a ABNT definia *sigla* como "reunião das letras iniciais dos vocábulos fundamentais de uma denominação ou título" (ABNT, 2003, p. 24). Mas, em 2011, mudou a definição para "conjunto de letras iniciais dos vocábulos e/ou números que representa um determinado nome" (ABNT, 2011, p. 4). Seja como for, siglas são reduções de nomes de empresas, instituições, órgãos públicos, países, cidades, organizações não governamentais (ONGs) etc. ou de títulos de obras organizadas segundo as letras iniciais das palavras que as formam. A diferença mais significativa em relação à abreviatura é o fato de serem escritas em maiúsculas, como

UFRJ (Universidade Federal do Rio de Janeiro) e *INL* (Instituto Nacional do Livro).

Respeitadas as letras iniciais, as siglas também podem ser grafadas com sílabas, letras intermediárias e outras formas, como *BNDES* (Banco Nacional do Desenvolvimento), *IBAMA* (Instituto Brasileiro do Meio Ambiente e dos Recursos Naturais) e *VELCRO* (Velours Crochet).

As siglas podem ser divididas em dois grupos. O primeiro é o das siglas que não se caracterizam como palavras (Martins Filho, 2016), só pronunciáveis quando soletradas (sigloides): *ABL* (Academia Brasileira de Letras), *OAB* (Ordem dos Advogados do Brasil) e formas mais extensas, como *BNDES*. O segundo grupo é o das siglas que são pronunciadas como palavras (siglemas): *Petrobras* (Petróleo Brasileiro S/A), *USP* (Universidade de São Paulo), *SESI* (Serviço Social da Indústria).

Um cuidado inicial com a edição é o de transcrever a sigla integralmente na primeira vez em que ela é mencionada no texto. A sigla pode vir antes ou depois de sua transcrição – o importante é que essa escolha seja padronizada em todo o arquivo. Na sequência do texto, basta reproduzir a sigla. Por exemplo:

- Para ter acesso às normas da ABNT (Associação Brasileira de Normas Técnicas) e da ISO (International Organization for Standartization), é preciso pagar. A ABNT e a ISO...

Ou:

- Para ter acesso às normas da Associação Brasileira de Normas Técnicas (ABNT) e da International Organization for Standartization (ISO), é preciso pagar. A ABNT e a ISO...

Há variações quanto à grafia das siglas, mas escrevem-se em maiúsculas ou em versalete todas as siglas soletradas (sigloides): *UFPR/UFPR*, *CVV/CVV*, *IPTU/IPTU*, *CNBB/CNBB*. As editoras preferem o versalete porque ele suaviza a linha. As siglas que se pronunciam como palavras (siglemas) são escritas em maiúsculas ou versaletes quando têm três letras: *COI/COI*, *USP/USP*; caixa-alta ou caixa-alta e baixa quando apresentam mais de quatro letras: *CEMIG/Cemig, FEBRABAN/Febraban, FIPE/Fipe, UNESP/Unesp.* Elas também podem ser grafadas em versal-versalete: Cemig, Febraban, Fipe, Unesp. As variações são decididas de acordo com o padrão estabelecido pela publicação em que se está trabalhando. Em geral, editoras preferem as formas que chamam menos a atenção, como caixa-alta e baixa ou versal-versalete.

Jamais se separam as letras das siglas, que **não** podem ser grafadas assim: *BN-DES, O-AB, Fe-braban, Uni-cef.* Elas sempre devem ser compostas de modo a aparecer inteiras, sem quebras. Não confundir com o hífen usado para compor o complemento à sigla, como em *PUC-PR* e *FFLCH-USP.* Nesse caso, também não podem ser desmembradas na composição.

Quanto ao plural, Celso Luft (2012) recomenda a inserção do morfema *-s* minúsculo nas siglas que podem ser pluralizadas: *os PMs, as APAEs, as ONGs.* Não se deve usar o apóstrofo, pois este serve para indicar a supressão de alguma letra, como em *olho d'água.*

O gênero da sigla obedece ao da primeira palavra: *o PM* (o policial militar), *a PM* da Bahia (a Polícia Militar da Bahia), *a ABNT* (a Associação Brasileira de Normas Técnicas), *o MEC* (o Ministério da Educação e Cultura). Em siglas de nomes estrangeiros, o emprego do gênero varia. Em Portugal, por exemplo, a sigla *Unicef* é precedida do artigo feminino (*a Unicef*) e, no Brasil, pelo artigo masculino (*o Unicef*). Entende-se aqui que a palavra inicial é *Fundo,* dada a tradução para o português: *Fundo Internacional de Emergência para a Infância das Nações Unidas.*

Antes de siglas de empresas estrangeiras, em geral, usa-se o feminino, subentendendo-se a elisão da palavra *empresa: a* (empresa) *BMW, a Lego* (Leg Godt), mas *o BMW* (carro) e *o Lego* (brinquedo). Em suma, esse é um caso típico de normalização empírica, ou seja, em que dificilmente pode-se estabelecer uma regra universal e absoluta. Casos novos e controversos devem ser decididos pelo revisor junto ao editor ou por meio de um critério conhecido e legitimado (dicionários, manuais etc.).

4.5 Unidades de medida

As unidades de medida são representadas por símbolos convencionados internacionalmente. Ao contrário das abreviações, com as quais se parecem, não levam ponto nem marcação de plural. Também diferem das siglas porque não são necessariamente escritas em maiúsculas: *10 g, 25 kg, 30 kWh, 20 h, 30 cm*.

Martins Filho (2016) adverte que não se devem misturar nome e símbolo em notações compostas: *metros/s, m/segundos*. Ou escrevem-se só os nomes ou só os símbolos: *metros por segundo, m/s*.

Os símbolos de unidades de medida costumam ser utilizados em obras técnicas ou acadêmicas e jornais.

Em textos literários ou de divulgação em geral, é comum grafar por extenso as unidades compostas pela quantidade e pelo símbolo correspondente: *setenta metros de altura, cinco quilômetros de distância, sete horas da manhã, oito horas da noite.*

A quantidade de símbolos de unidades de medida é muito extensa e, por isso, o revisor deve ter sempre uma lista delas à mão.

SÍNTESE

Neste capítulo, analisamos alguns elementos e procedimentos que envolvem a normalização de um texto. Normalização é o processo por meio do qual se uniformizam os elementos ortográficos e tipográficos de um texto. Ou seja, padronizam-se a grafia das palavras, o uso de maiúsculas, abreviaturas, siglas, fontes, entrelinhamento, citações e referências, além de intervenções no texto, caso necessário.

A normalização pode obedecer a critérios teóricos ou empíricos. No primeiro caso, segue rigidamente as normas da ABNT, de Vancouver e da APA. No segundo caso, a normalização baseia-se em manuais editoriais e na ABNT, sempre pensando na melhor adequação dessas normas ao livro que está sendo publicado.

A grafia das palavras é um elemento onipresente no texto. Sua normalização é minuciosa, pois abrange o uso de maiúsculas, minúsculas, abreviações, abreviaturas, siglas e unidades de medida, entre outros aspectos, e sofrem algumas variações em virtude das formas de normalização – a empírica e a teórica –, que buscam atender a diferentes campos científicos, literários e comunicacionais.

A normalização é um processo central na revisão textual, pois faz parte da transformação do original para a texto editado, normalizado e padronizado. É como se vestíssemos o texto com as roupas e os acessórios adequados ao evento de que ele participará. Se há diferenças e nuances entre esta ou aquela veste, todas são vestes. Ou seja, todo texto deve ser alinhado antes de apresentar-se para seu público. A isso damos o nome de *normalização*. Depois disso, ele será revisado, diagramado e impresso.

ATIVIDADES DE AUTOAVALIAÇÃO ————————————

1. Leia o trecho a seguir:

> Aprender a revisar bem seria aprender a lidar com a diversidade. Plural de normas e concepções do texto. Saber como identificá-las rapidamente e como utilizá-las. Nada mais difícil do que atingir um padrão, levar a cabo uma normalização, já que diversidade é algo inerente ao comportamento humano, à linguagem. Cabe ao revisor, sim, conectar o que está sendo dito aos padrões editoriais escolhidos. Permitir que o leitor leia o texto e simplesmente leia o texto, sem jamais se dar conta da revisão. (Bethonico, 2015, p. 56)

No processo de normalização, o preparador de textos deve avaliar qual modelo aplicar à obra com a qual está trabalhando. Há duas modalidades que orientam esse trabalho: a empírica e a teórica. Sobre esse assunto, leia as afirmativas a seguir:

I) A normalização teórica é empregada em livros literários e segue os manuais elaborados pelas editoras.

II) A normalização empírica segue as orientações dos manuais editoriais, é mais flexível e considera as particularidades da obra.

III) A normalização teórica é mais rígida, empregada em documentos públicos e textos acadêmicos e baseia-se nas normas da ABNT.

Está correto apenas o que se afirma em:

a) III.

b) II.

c) I e III.

d) I e II.

e) II e III.

2. Leia o trecho a seguir:

> Por outro lado, apenas supostamente o texto do autor está correto e depende apenas de normalização última, ou seja, de unidade do uso sistemático da pontuação, sinais diacríticos, maiúsculas, reduções etc. Somente entrando nele com olhar crítico é que se vai descobrindo o que mais há para ser reparado. (Morissawa, 2015c, p. 21)

Um dos elementos a que o preparador de originais deve estar atento é o uso das letras maiúsculas e minúsculas, ou *caixa-alta* e *caixa-baixa,* como também são conhecidas. Em geral, as letras maiúsculas servem para:

a) grafar as palavras mais usadas da língua.

b) grafar inteiros os prenomes das referências bibliográficas.

c) grafar a primeira letra de nomes de dias e meses.

d) destacar ou enfatizar alguns elementos do texto.

e) grafar as palavras *Beltrano, Fulano* e *Sicrano.*

3. Leia o trecho a seguir:

> Os princípios que parecem reger as abreviaturas são praticamente os mesmos que os das abreviações [...]. (Houaiss, 1983, p. 152)

Abreviaturas e abreviações são muito semelhantes, mas há uma diferença importante entre elas. Indique se as afirmações a seguir são verdadeiras (V) ou falsas (F) no que se refere às abreviaturas e abreviações:

( ) A abreviação é a redução consagrada de um termo, e a abreviatura é uma redução circunstancial à obra.

( ) A abreviação é uma redução circunstancial à obra, e a abreviatura é a redução consagrada de um termo.

( ) Formas como *op. cit.*, *a.C.* e *Ilmo.* são abreviaturas porque são cristalizadas e conhecidas de todos leitores.

( ) Formas como *rel.*, *rac.* e *proc.* são abreviações porque dependem da obra em que aparecem para serem entendidas pelo leitor.

Agora marque a sequência correta:

a) F, V, V, V.

b) F, F, V, V.

c) V, F, V, V.

d) V, F, F, F.

e) F, F, F, V.

4. Leia o trecho a seguir:

As siglas, no sentido restrito em que se emprega aqui esse vocábulo, são reduções braquigráficas literais, braquigramas consistentes das letras iniciais do abreviando, locucional ou circunloquial. O abreviando, em geral, são intitulativos, oficiais ou oficiosos, nacionais ou internacionais, de emprego frequente ou prestigioso, que, ademais, se caracterizam por serem, quase sempre, materialmente longos, extensos, com o que sua repetição tanto nos textos quanto na elocução se faz enfadonha, cansativa, antieconômica e até fonte de confusão.
(Houaiss, 1983, p. 168)

As siglas apresentam diferenças entre si de acordo com a forma de composição, sendo chamadas de *sigloides* ou *siglemas*. Considerando-se os conteúdos deste capítulo, é correto afirmar:

a) Sigloides são siglas que conseguimos pronunciar como palavras, a exemplo de *Petrobras*.

b) Sigloides são siglas que não constituem palavra, como *OAB*, e siglemas são siglas pronunciáveis como palavras, a exemplo de *Capes*.

c) Siglemas são siglas que não se consegue pronunciar como palavras, a exemplo de *OAB*, *UFRJ* e *INL*.

d) Siglemas são as siglas que não se caracterizam como palavras, a exemplo de *INL*, e sigloides são as pronunciáveis como palavras, por exemplo, *Petrobras*.

e) Sejam siglemas, sejam sigloides, o que caracteriza essas siglas é o fato de serem escritas com letras minúsculas.

5. As siglas podem ser escritas no singular ou no plural e também recebem a categoria de gênero. Observe as alternativas a seguir e indique aquela que apresenta todas as siglas escritas corretamente:

a) As APAE, as ONGs e a CNPq.

b) As ONG, as APAEs e a CNPq.

c) O MDB, os OVNIs e as ONGs.

d) O PT, as DVDs e os OVNIs.

e) Os CDs, as OVNIs e as PM.

ATIVIDADES DE APRENDIZAGEM ——————————

Questões para reflexão

1. Leia o trecho a seguir:

> Vivendo entre o autor, o editor e o texto, o preparador aprende a reconhecer os limites de seu trabalho e a condicionar-se no interior deles. O que ele nunca deve esquecer, nesse compromisso com o aperfeiçoamento geral da obra, é sua função essencial de normalização, cuja omissão o descaracteriza profissionalmente, tornando-o antes um crítico casual.
> (Morissawa, 2015c, p. 22)

A função do preparador de textos é ampla e a normalização é uma tarefa central, talvez principal, de seu trabalho. Uma questão que dificulta o trabalho do preparador é a diversidade de obras que se apresentam a ele. Diante disso, reflita sobre as diferenças e as semelhanças que há durante a normalização de uma obra quando se trabalha como funcionário de uma editora, como *freelancer* para uma editora e como autônomo para um particular (especificamente na preparação de uma dissertação de mestrado ou tese de doutorado).

2. Um revisor *freelancer* pode trabalhar para diferentes clientes. Como você acha que ele deve se comportar em relação a eles? Sempre trabalhar com o padrão da ABNT ou adotar o padrão indicado por eles? Entre essas posições, haveria uma situação intermediária? Pense sobre isso.

Atividade aplicada: prática

1. Que tal conferir os padrões empregados pelas editoras e pelos pesquisadores acadêmicos? Selecione, em sua estante ou na biblioteca de sua cidade, quatro exemplares de livros e procure na internet pelo menos três dissertações de mestrado ou teses de doutorado. Em relação aos livros, separe dois exemplares da mesma área, ou seja, dois livros de sociologia e dois de crítica literária; dois de filosofia e dois de psicologia; ou dois de administração e dois de economia; e assim por diante. Os textos acadêmicos podem ser escolhidos com mais liberdade, ou seja, podem ser duas dissertações e uma tese ou vice-versa. Com as obras em mãos e/ou na tela, verifique de que forma são empregadas nelas as maiúsculas e minúsculas, seja no corpo do texto, seja nas referências. Observe a presença de abreviaturas e siglas e verifique sua grafia no corpo do texto e nas referências. Faça um quadro ou uma tabela para cada obra e depois elabore um quadro ou uma tabela geral para compará-las. Repare, primeiro, se cada obra obedece a um mesmo padrão ou varia. Em seguida, compare os padrões usados nos livros e identifique as coincidências e as diferenças. Faça o mesmo com as obras acadêmicas.

NORMALIZAÇÃO: CITAÇÕES E REFERÊNCIAS

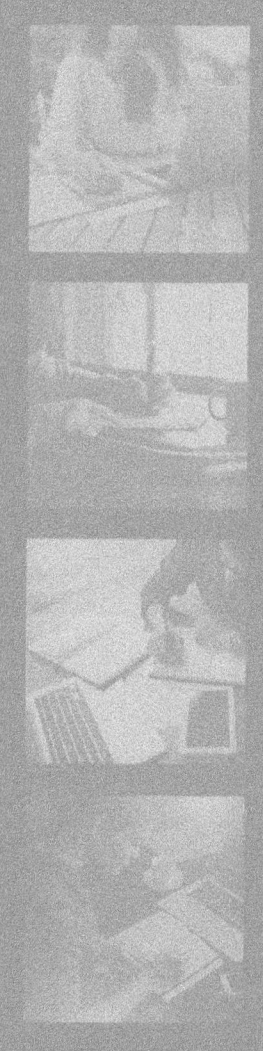

5

No capítulo anterior, estudamos o campo da normalização ortográfica e, neste, trataremos desse processo no campo da intertextualidade, ou seja, das citações e das referências. Neste último caso, são importantes dois aspectos: a identificação de um fragmento de texto de outro autor empregado na obra e a escrita adequada da fonte utilizada. A informação deve ser inequívoca e o leitor deve saber que determinado trecho ou ideia foram retirados de outra obra. Estamos falando das formas pelas quais é feita uma citação, são indicadas as fontes, escritas as referências e incluídas as notas – cada vez menos usadas – no campo das citações e das referências.

Esses aspectos da normalização costumam dar bastante trabalho durante os processos de revisão textual. Há muita minúcia e muitas variações que ocupam bastante tempo na etapa da normalização. Vejamos por quê.

5.1 Citações

"A citação trabalha o texto, o texto trabalha a citação."

Antoine Compagnon

A citação é a menção a uma informação, a uma palavra, a um conceito ou a um pensamento retirados de uma fonte exterior ao texto que se escreve. Sua reprodução incorpora-se ao livro ou texto publicado mediante marcas que buscam deixar muito clara essa condição. Aspas, espaços em branco, recuos da margem, inserção de informações da fonte bibliográfica com parênteses ou nota e diferenciação de tamanho da fonte tipográfica estão entre os recursos que se empregam para distinguir o texto do autor do trecho retirado de outra fonte.

A citação serve para conferir autoridade ao que se desenvolve ou se afirma em um texto, para demonstrar ao leitor determinada interpretação do pensamento de um autor que é assunto ou objeto de um livro ou artigo ou para sintetizar a ideia do autor por meio de uma epígrafe, como fizemos no início desta seção. É empregada também para reproduzir depoimentos ou testemunhos de pessoas envolvidas em um fato jornalístico.

A citação apresenta-se, então, por meio da reprodução direta ou indireta de um texto e pela informação bibliográfica de sua origem. A seguir, discutiremos esses dois aspectos.

5.1.1 Tipos de citação

A citação pode ser literal, reproduzida pelo autor que a referencia, ou extraída de uma fonte oral. No primeiro caso, é chamada *citação direta*, e, no segundo, *indireta*. A citação oral se diferencia pelo meio (fonte oral), podendo também ser direta ou indireta.

A **citação direta** pode ser retirada de um texto ou extraída de um depoimento oral ou entrevista. Seja qual for a fonte – escrita ou oral –, deve ser reproduzida literalmente. De acordo com Martins Filho (2016, p. 117), citação direta é "a cópia literal ou transcrição exata das palavras do autor citado, como corpo do texto, respeitando-se a grafia, a pontuação, o uso das maiúsculas e o idioma. É usada quando um pensamento significativo foi particularmente bem expresso [...]".

A **citação indireta** reproduz as ideias do autor, mas não a forma. Por meio da reescrita ou paráfrase, a citação indireta condensa ou amplia o texto original e, neste caso, dispensam-se as aspas, porém deve ficar claro que as ideias mencionadas são de outro autor (Martins Filho, 2016).

A **citação oral** pode ser direta ou indireta. Se for jornalística, basta mencionar o autor no corpo do texto e contextualizá-la; se for acadêmica, deve-se indicar a fonte como se faz com as demais citações. Vejamos um exemplo de citação oral direta e indireta em texto jornalístico: "Em entrevista à *Folha de S.Paulo*, Paulo Preto soltou as frases que ficariam famosas: 'Não se larga um líder ferido na estrada a troco de nada. Não cometam esse erro'. Naquele mesmo dia, Serra reformulou sua frase: admitiu que, sim, conhecia o engenheiro.".[1]

Segundo a NBR 10520: 2002, a citação oral em texto acadêmico deve ser formatada com inserção de parênteses, indicado a modalidade da informação e nota de rodapé:

- No texto:
  O novo medicamento estará disponível até o final deste semestre (informação verbal)*.

- No rodapé da página:
  * Notícia fornecida por John A. Smith no Congresso Internacional de Engenharia Genética, em Londres, em outubro de 2001.

Martins Filho (2016) prefere o uso de parênteses depois da transcrição do trecho citado, com indicação da fonte, em vez de nota. Para ele, o nome do autor deve aparecer explicitamente no texto (Martins Filho, 2016, p. 118):

1 ABREU, A. Paulo Rico, Paulo Pobre. **Piauí**, Rio de Janeiro, 1º mar. 2019. Disponível em: <https://piaui.folha.uol.com.br/paulo-rico-paulo-pobre/>. Acesso em: 19 fev. 2020.

Vale reproduzir também a frase de Monteiro Lobato numa de suas últimas entrevistas, concedida à Rádio Record: "o livro que não vende não é bom" (Hélio Puglia Fernandes e Marilson Alves Gonçalves, 2011, p. 65).

Pode ocorrer de a citação ser retirada não da fonte original, mas de outra obra – a chamada *citação da citação*. Ou seja, pode-se, por exemplo, citar Platão por meio de um comentador de sua obra. Nesse caso, deve-se usar a preposição latina *apud* (junto a) tanto no sistema autor-data quanto no numérico, conforme mostram estes exemplos da NBR 10520: 2002:

Segundo Silva (1983 apud Abreu, 1999, p. 3) diz ser [...]

ou:

[1] Evans, 1987 apud Sage, 1992, p. 2-3.

Nos livros comerciais, não é hábito inserir a data do original, apenas se a especificidade da obra determinar.

5.1.2 Formas de citar

Tanto na citação direta quanto na indireta ou oral é preciso incluir a fonte. No caso da direta, deve-se acrescentar aspas quando o trecho estiver no corpo do texto; ou formatá-la com o recuo das margens e diminuição do tamanho da fonte tipográfica em um ou dois pontos em relação à fonte principal, quando tiver mais de três linhas e for desmembrada do corpo do texto. Neste caso, dispensam-se as aspas.

Pode-se indicar a fonte citada no corpo do texto (sistema autor--data) ou em nota de rodapé ou fim de texto (sistema numérico).

5.1.2.1 SISTEMA AUTOR-DATA

O sistema autor-data é grafado com parênteses, dentro dos quais devem aparecer o sobrenome do autor, o ano da publicação e o número da página da qual a citação foi extraída. Se o nome do autor aparecer fora dos parênteses, inserem-se apenas ano e página. No fim do livro, as referências bibliográficas ou a bibliografia complementam a citação, localizando minuciosamente o documento por meio da transcrição das informações sobre a obra. Acompanhe este exemplo, retirado da NBR 10520: 2002:

- No corpo do texto:
  Bobbio (1995, p. 30), com muita propriedade nos lembra, ao comentar esta situação, que os "juristas medievais justificaram formalmente a validade do direito romano ponderando que este era o direito do Império Romano que tinha sido reconstituído por Carlos Magno com o nome de Sacro Império Romano."

- Na lista de referências:
  BOBBIO, Norberto. **O positivismo jurídico**: lições de Filosofia do Direito. São Paulo: Ícone, 1995.

O estilo Vancouver adota o sistema autor-data, mas também prevê o numérico, o qual, segundo Funaro (2016, p. 68), "deve ser feito por uma numeração única e consecutiva, em algarismos arábicos, remetendo às referências ao final do trabalho, do capítulo ou da parte, na mesma ordem em que aparecem no texto". Observe os exemplos a seguir:

O baixo peso, segundo a Organização da Saúde, é considerado como peso ao nascimento menor que 2 500 g e representa 15,5% dos nascimentos mundiais[23, p. 55].

Ou:

O baixo peso, segundo a Organização da Saúde, é considerado como peso ao nascimento menor que 2 500 g e representa 15,5% dos nascimentos mundiais (23, p. 55).

No sistema APA, uma das diferenças é o uso do *et* latino estilizado (&) dentro dos parênteses quando há mais de um autor (a ABNT e o Vancouver usam o ponto e vírgula):

(Martins Filho & Ginsburg, 1998)

O surgimento desse padrão está ligado à explosão de publicações em revistas científicas e citações em textos acadêmicos. Isso levou à criação de um sistema que conseguisse diminuir o número de notas de rodapé.

Quanto à posição dos parênteses, a NBR 10520: 2002 da ABNT e os manuais editoriais orientam normalizá-los das seguintes formas:

1) Citação direta:
a) Sobrenome dentro dos parênteses, em caixa-alta em textos acadêmicos e caixa-alta e baixa em livros comerciais e nos estilos Vancouver e APA:
   ▸ No corpo do texto (obras acadêmicas):
   "Apesar das aparências, a desconstrução do logocentrismo não é uma psicanálise da filosofia [...]" (DERRIDA, 1967, p. 293).

   ▸ Fora do corpo do texto (obras acadêmicas):
   A teleconferência permite ao indivíduo participar de um encontro nacional ou regional sem a necessidade de deixar seu local de origem. Tipos comuns de teleconferência incluem o uso da televisão, telefone e computador. Através de audioconferência, utilizando a companhia local de telefone, um sinal de áudio pode ser emitido em um salão de qualquer dimensão (NICHOLS, 1993, p. 181).

b) Nome e/ou sobrenome do autor fora dos parênteses sempre em caixa-alta e baixa:
   ▸ No corpo do texto (livros comerciais, Vancouver e APA):
   Oliveira e Leonardos (1943, p. 146) dizem que a "[...] relação da série São Roque com os granitos porfiroides pequenos é muito clara".

▸ Fora do corpo do texto:
Umberto Eco (2007, p. 189) nota que:

> Em muitas disciplinas (cada vez mais nos últimos tempos) usa-se um sistema que permite eliminar todas as notas de referência bibliográfica conservando apenas as de discussão e as remissivas. Este sistema pressupõe que a bibliografia final seja construída pondo em evidência o nome do autor e data de publicação [...].

c) A inserção do número da página é imprescindível e coloca-se em qualquer situação.

2) Citação indireta:

a) Sobrenome dentro dos parênteses e texto sem aspas, sempre:

▸ Em caixa-alta (textos acadêmicos):
De fato, semelhante equacionamento do problema conteria o risco de se considerar a literatura meramente como uma fonte a mais de conteúdos já previamente disponíveis, em outros lugares, para a teologia (JOSSUA; METZ, 1976, p. 3).

▸ Em caixa-alta e baixa (livros comerciais, Vancouver e APA):
[...] já previamente disponíveis, em outros lugares, para a teologia (Jossua; Metz, 1976, p. 3).

[...] (Jossua & Metz, 1976, p. 3) (estilo APA)

b) Nome e/ou sobrenome do autor fora dos parênteses, sempre em caixa-alta e baixa:
Merriam e Caffarella (1991) observam que a localização de recursos tem um papel crucial no processo de aprendizagem autodirigida.

c) No caso de quatro autores ou mais, a ABNT indica o uso de *et alii*, de forma abreviada e em itálico (*et al.*):

Urani *et al.* (1994)

Ou:

(Urani *et al.*, 1994)

No estilo APA, nas citações que envolvem mais de três autores, recomenda-se citar todos na primeira ocorrência e nas subsequentes o primeiro autor seguido da expressão latina *et alii* inteira ou abreviada (et al.), sem itálico:

- Primeira ocorrência:
  (Ribeiro, Alves & Rodrigues, 2000)

- Segunda ocorrência:
  (Ribeiro et al., 2000)

O estilo Vancouver só indica o uso da expressão latina *et alii* abreviada e sem itálico (et al.) e quando houver mais de quatro autores.

d) O número da página é opcional. Indica-se geralmente quando a paráfrase pode ser localizada em um intervalo pequeno de páginas. Quando se trata de uma síntese, de um resumo ou de uma condensação de trechos grandes, não é razoável fazê-lo.

5.1.2.2 NOTAS DE RODAPÉ

Mais comum em livros comerciais, a chamada é escrita por meio de notas de rodapé ou de final de texto. Constitui-se de uma chamada de nota no corpo do texto e da nota com a respectiva referência bibliográfica completa ou parcial. Nos textos acadêmicos, raramente se usa este sistema, mas nos livros de não ficção das áreas de ciências humanas e biológicas e afins é o mais utilizado.

A posição do número da chamada é controversa. Para a ABNT, é inserido depois das aspas e depois do ponto. Se a citação for indireta, depois do ponto. Os editores em geral, como Plínio Martins Filho (2016), indica a posição antes do ponto. Portanto, se estiver revisando uma obra acadêmica, siga a ABNT; se estiver trabalhando para uma editora, verifique o padrão utilizado por ela:

- ABNT:
  "As chamadas das notas são colocadas **depois** de vírgula, ponto e vírgula, dois-pontos e ponto final."[1]

- Martins Filho (2016, p. 133):
  "As chamadas das notas são colocadas **antes** de vírgula, ponto e vírgula, dois-pontos e ponto final"[1].

A numeração deve ser contínua de acordo com os capítulos do livro e não se usa mais a numeração por página. A repetição de uma referência é sinalizada por abreviações latinas, de modo a evitar a repetição da transcrição completa da referência.

Acompanhe, a seguir, a indicação, pelo sistema numérico, de um trecho do filósofo Norberto Bobbio, transcrita anteriormente pelo sistema autor-data:

> Bobbio com muita propriedade nos lembra, ao comentar esta situação, que os "juristas medievais justificaram formalmente a validade do direito romano ponderando que este era o direito do Império Romano que tinha sido reconstituído por Carlos Magno com o nome de Sacro Império Romano."[1]

No rodapé (separado do corpo do texto por uma linha fina), a referência vem com a fonte dois pontos menor e com a inserção em sobrescrito do mesmo número da chamada de nota:

> [1] BOBBIO, Norberto. **O positivismo jurídico**: lições de Filosofia do Direito. São Paulo: Ícone, 1995.

Quando essa referência for repetida, usam-se estas abreviações para os seguintes casos, conforme a NBR 10520: 2018:

a) Mesmo autor: *idem* ou *id*:

[8] ASSOCIAÇÃO BRASILEIRA DE NORMAS TÉCNICAS, 1989, p. 9.

[9] Id., 2000, p. 19.

b) Mesma obra: *ibidem* ou *ibid*:

[3] DURKHEIM, 1925, p. 176.

[4] Ibid., p. 190.

c) Obra citada: *op. cit.* (*opus citatum*). Neste caso, quando só houver uma obra citada do mesmo autor, basta colocar a abreviação. Quando houver mais de uma, insere-se a data ou a parte inicial do título:

[8] ADORNO, 1996, p. 38.

[9] GARLAND, 1990, p. 42-43.

[10] ADORNO, op. cit., p. 40.

Em livros comerciais evita-se, como já dissemos, o uso de maiúsculas em excesso, por isso o sobrenome dos autores pode vir grafado em caixa-alta e baixa:

[8] Adorno, 1996, p. 38.

[9] Garland, 1990, p. 42-43.

[10] Adorno, op. cit., p. 40.

De todo modo, não se esqueça do mantra: observe a padronização usada por seu editor. Caso esteja revisando um texto acadêmico, siga as normas da ABNT, sem medo. Lembre-se, ainda, de que o fato de se escreverem as referências completas no rodapé ou no fim do texto não as dispensa de serem inseridas na bibliografia final. Há outras abreviações bibliográficas que você pode conferir no *site* da Academia Brasileira de Letras.

5.1.3 Casos diversos

Há inúmeras variantes que podem interferir nas citações. Não há espaço para tratar de todas aqui – nem seria o caso. Vamos destacar as mais recorrentes: supressões, interpolações e grifos; citação em língua estrangeira e citação da Bíblia; e erros em citação.

5.1.3.1 Supressões, interpolações e grifos

Tanto a supressão quanto a interpolação são marcadas com colchetes. A supressão é indicada por três pontos entre colchetes e pode aparecer no começo, no meio ou no fim da citação. O grifo marca um trecho que o autor do texto ou da citação deseja destacar. Se for do autor, usa-se a expressão *grifo nosso*; se for do original, ou seja, do autor da citação, escreve-se *grifo do autor*. Veja o exemplo retirado da NBR 10520: 2002 (ABNT, 2002c, p. 3, grifo do original):

> "[...] para que não tenha lugar a **producção de degenerados**, quer physicos quer moraes, misérias, verdadeiras ameaças à sociedade." (SOUTO, 1916, p. 46, grifo nosso).

> "[...] b) desejo de criar uma literatura **independente**, **diversa**, de vez que, aparecendo o classicismo como manifestação de passado colonial [...]" (CANDIDO, 1993, v. 2, p. 12, grifo do autor).

A ABNT usa o negrito para destacar o trecho, mas algumas editoras em geral usam o itálico, como Martins Filho (2016, p. 126):

> "Tenha em mente a necessidade de evitar os erros de francês e *escrever num vernáculo correto e claro*" (grifo nosso).

O acréscimo de trechos estranhos ao texto ou a interpolação de trechos que não existem no original são inseridos entre colchetes na citação. Usa-se para dar fluidez ao texto quando necessário ou para torná-lo coeso quando a supressão for extensa (Martins Filho, 2016, p. 125):

> [Os acréscimos] Devem ser evitados. Quando ocorrerem, convém transcrevê-los entre colchetes.

5.1.3.2 Citação em língua estrangeira e citação da Bíblia

A citação em língua estrangeira pode ser traduzida ou não, dependendo da especificidade da obra. Se for uma tese ou um livro teórico sobre um escritor estrangeiro, um poeta, por exemplo, é o caso de transcrever os trechos de sua obra no original e oferecer uma tradução correspondente em uma nota de rodapé ou logo abaixo da citação. Caso a tradução for de quem cita, deve-se incluir entre parênteses a expressão *tradução nossa*. Se for tradução consagrada, a informação pode vir em nota ou mesmo entre parênteses, depois da notação bibliográfica:

[...] (2018, p. 18 – tradução de A. de Campos)

Salvo esses casos específicos, a citação deve ser traduzida no corpo do texto com a indicação do tradutor. A transcrição do original é opcional e deve vir no rodapé. O texto original fica no corpo do texto quando é relevante para o contexto da obra em que aparece.

A citação da Bíblia dá trabalho para a revisão textual pela própria natureza desse livro – organizado em duas partes, que, por sua vez, são divididas em vários livros. Além disso, a ABNT não especifica como citá-la e entre as publicações religiosas há diferenças.

Martins Filho (2016) sugere a menção entre parênteses do livro citado, em redondo, seguido do número do capítulo e do versículo em numeral arábico, sem espaço. Separa-se o capítulo do versículo por dois-pontos. Os versículos seguidos são marcados por hífen e, os não seguidos, por vírgula. Eis o exemplo:

(Gênesis, 31:22-28)

(Eclesiástico, 18:19,30; 21:29-30)

No entanto, a Igreja Católica, em seus documentos, não usa essa notação. Na página da Conferência Nacional dos Bispos do Brasil (CNBB) vemos estas formas:

Eclo 27,5-8

1Cor 15,54-58

Lc 6,39-45

Perceba que o título dos livros é abreviado e, em vez dos dois-
-pontos, usa-se a vírgula. Do ponto de vista da normalização, esse
sistema pode produzir ambiguidade quando os versículos não
forem seguidos. Nesse caso, o revisor deve observar a norma
empregada pela casa publicadora em que estiver trabalhando.
Caso não haja orientação, o padrão sugerido por Martins Filho
(2016) é o mais adequado.

5.1.3.3 ERROS EM CITAÇÕES

Eis um item polêmico. Se a citação, por definição, deve ser a
transcrição literal do texto original, a rigor os erros embutidos
nela devem ser transcritos. Para tanto, existe o termo *sic*, que
significa "assim"/"desse modo" e indica que "o texto original está
reproduzido exatamente por errado ou estranho que possa parecer" (Houaiss, 2020).

Se isso for levado a ferro e fogo, corre-se o risco de povoar a
obra com um exército de *sics*, o que, em última instância, com-
promete o autor do livro e a editora. Salvo nos casos em que
se publicam textos históricos ou em obras cujas citações forem
ligadas diretamente a seu objeto de estudo, deve-se evitar o uso
dessa expressão latina. Quando as citações forem meramente in-
formativas, ilustrativas e até mesmo conceituais, o ideal é corrigir
os erros. Ou seja, em geral corrigem-se os erros, só reproduzindo
ipsis litteris as citações em livros nos quais a literalidade é central
ao estudo desenvolvido neles.

O editor deve se lembrar de que, muitas vezes, o autor pode
ter usado uma edição descuidada em vez de outra na qual esses
erros não existem. Além disso, há o risco de o autor ter errado
a transcrição. Portanto, cabe ao revisor checar o original antes
de inserir o *sic*.

Esse mesmo critério pode ser adotado para as atualizações ortográficas. Não há razão para manter uma ortografia desatualizada em textos sem relevância histórica. Sobre isso, Pinto (1993, p. 79) recomenda: "A citação deve ser atualizada de acordo com o sistema ortográfico vigente, excetuando os textos de valor histórico ou aqueles cujos escritos originais se destinam a apreciação".

5.2 Referências

Em 2018, a ABNT revisou a NBR 6023 destinada à elaboração de referências, cuja versão anterior era de 2002, ampliando-a de 24 para 68 páginas. Essa norma procura cobrir a normalização das referências dos mais diferentes tipos de publicação listados em bibliografias, resumos, resenhas e outros documentos em que é necessário informar clara e precisamente a fonte da qual se extraiu uma citação.

A norma descreve os elementos que devem ser incluídos, a ordem que devem ocupar na notação e demais convenções para identificar as informações contidas nelas. A NBR 6023: 2018 apresenta a forma e a ordem de apresentação de vários documentos: do livro ao vídeo, do projeto de lei a eventos como palestras e conferências, passando pelos documentos publicados na *web*, entre outros. É uma norma, portanto, que todo revisor deve conhecer.

Referência, segundo a ABNT (2018, p. 3), é o "conjunto padronizado de elementos descritivos, retirados de um documento, que permite sua identificação individual". Aparece em bibliografias, referências bibliográficas ou em notas bibliográficas de rodapé ou fim de texto e destina-se a levar o leitor a encontrar da forma mais clara possível a obra citada em um documento ou em uma obra.

Lembre-se de que esse sistema é uma convenção e, portanto, sofre variações segundo modelos de padronização diferentes, teóricos ou empíricos, por exemplo. Essa diversidade também se explica pela variedade de documentos existentes, o que leva a interpretações diferentes no modo de padronizá-los, como ocorre com os documentos gerados na internet.

Algumas notações não aparecem padronizadas da mesma forma para os mesmos elementos. O uso de vírgula ou dois-pontos, depois do nome da cidade, por exemplo, é uma variação que ainda persiste, como se vê em obras que servem de fonte para este livro.

- No *Manual de editoração e estilo* (Martins Filho, 2016): Uso de vírgula depois do nome da cidade:

> PEIGNOT, Jérôme. *Typoésie*. Paris, Imprimerie Nationale, 1993.
> PINTO, Ildete Oliveira. *O Livro. Manual de Preparação e Revisão.* São Paulo, Ática, 1993.
> PORTA, Frederico. *Dicionário de Artes Gráficas*. Porto Alegre, Globo, 1958.

- Em *A construção do livro* (Araújo, 2008): Uso de dois-pontos depois do nome da cidade:

> MAHONY, Bertha E. et al. (ed.) *Illustrators of children's books, 1744-1945*. Boston: Horn Book, 1947.
> VIGUERS, Ruth Hill et al. (ed.) *Illustrators of children's books, 1946-1956*. Boston: Horn Book, 1958.
> PITZ, Henry C. *Illustrators of children's books: history, technique, production*. New York: Watson-Gruptill, 1963.

Essa variação não é um problema, desde que o padrão escolhido seja usado do começo ao fim na bibliografia. Se a publicação prefere a vírgula (São Paulo, Ática, 1993), deve usá-la em todos os documentos; e, se prefere os dois-pontos (Boston: Horn Book, 1947), também. Na norma NBR 6023: 2018, lê-se esta observação: "A pontuação deve ser uniforme para todas as referências" (ABNT, 2018, p. 5). A norma não indica que pontuação usar, determina a uniformidade e, em seus exemplos, emprega os dois-pontos.

Seja qual for o modelo, o leitor deve entender a ordem: *cidade + editora*. Apresentaremos também as recomendações do Vancouver e do APA.

De qualquer forma, a ABNT descreve com detalhes a forma de apresentação das referências, que em geral são seguidas pelas editoras, com exceção dos critérios considerados equivocados pelos editores ou que vão contra a boa apresentação gráfica de uma mancha. O revisor de textos acadêmicos, então, precisa ter acesso à norma da ABNT para executar seu trabalho com mais tranquilidade e o revisor a serviço de uma editora deverá saber de seu editor qual é a norma da casa.

O importante é compreender, primeiro, a lógica do sistema. A ideia é inserir as informações editoriais essenciais e acessórias (ou complementares) da publicação de modo claro por meio de recursos gráficos convencionais. O uso de maiúsculas e minúsculas orienta sobre o autor e títulos; o sistema de grifos (itálicos ou negritos) ajuda na localização da obra principal em que o texto está publicado (livro, revista, tese etc.); vírgula, ponto e vírgula, dois-pontos e ponto servem para separar os elementos de composição da referência; e as abreviaturas dão informações relevantes acerca do responsável pela obra (editor, organizador, coordenador etc.).

O padrão é pensado para que o leitor reconheça o tipo de obra que está à sua frente ao bater os olhos na formatação da referência. Mesmo que o repertório do leitor seja limitado, se ele pensar na lógica do padrão, logo reconhecerá pelo menos o nome do autor (seja um indivíduo, seja uma instituição), o título principal, o local de publicação e o ano. Com o tempo, aprenderá a identificar as demais informações.

O revisor deve conhecer bem esse sistema, pois muitas vezes vai se deparar com documentos ainda não padronizados. E aí terá de pensar, entre os formatos existentes, qual é o melhor para o material com o qual está trabalhando. Mais um exemplo, caro leitor, de normalização empírica.

Dada a extensão deste tópico, vamos nos ater aos pontos principais relacionados às referências: os elementos que compõem a referência (essenciais e complementares); a ordem que ocupam na referência; e a forma como são grafados nela.

5.2.1 Elementos ou componentes da referência

As referências podem ser menos ou mais detalhadas. Podem conter apenas os elementos essenciais ou, também, os acessórios e complementares.

Os **elementos essenciais** são aqueles que identificam prontamente o documento. Em um livro, são autor (pessoa, entidade ou anônimo), título, edição (da 2ª edição em diante), local, editora e ano:

> FILHO, Ciro Marcondes. **Comunicação e jornalismo**. A saga dos cães perdidos. São Paulo: Hacker, 2000.

No estilo Vancouver, muda-se a forma de grafar os nomes, seja pelo uso de caixa-alta e baixa para o sobrenome, seja pela abreviação dos prenomes, sem ponto e não precedidos de vírgula. Os títulos e subtítulos não levam grifos e depois da editora, em vez de vírgula, usa-se ponto e vírgula:

> Amato LF. Constitucionalização corporativa: direitos humanos fundamentais, economia e empresa. Curitiba: Juruá Editora; 2014.

> Machado NJ, D'Ambrosio U, Arantes VA. Ensino de matemática: pontos e contrapontos. São Paulo: Summus; 2014. (Funaro, 2016, p. 70).

No estilo APA, as diferenças principais em relação à ABNT estão no uso de caixa-alta e baixa no sobrenome do autor; do itálico para os títulos e subtítulos; e na posição da data de publicação (entre parênteses) após o nome do autor ou autores:

> Giannini, S. D., Forti, N., & Diament, J. (2000). *Cardiologia preventiva: prevenção primária e secundária*. São Paulo, SP: Atheneu. (Funaro, 2016, p. 73).

A referência bibliográfica de uma dissertação ou tese deve conter, segundo a NBR 6023, autor, título, subtítulo (quando houver), ano de depósito, modalidade do trabalho (trabalho de conclusão de curso, dissertação, tese), grau (especialização, mestrado, doutorado) e curso entre parênteses, vinculação acadêmica, local e data de apresentação ou defesa:

MARTINS, Carlos A. **Arquitetura e Estado no Brasil**. Elementos para uma investigação sobre a constituição do discurso moderno no Brasil: a obra de Lucio Costa (1924-1952). 1987. Dissertação (Mestrado em História) – Faculdade de Filosofia, Letras e Ciências Humanas-USP, São Paulo, 1987.

No estilo Vancouver, além das mesmas diferenças em relação à grafia do nome e sobrenome do autor e do título, não se menciona a área da dissertação ou da tese. Usam-se colchetes em vez de parênteses para indicar a modalidade de gênero acadêmico; insere-se a cidade antes do nome da universidade e/ou faculdade; e usa-se ponto e vírgula para separar a universidade/faculdade da data:

Gonçalves CF. As casas de apoio no contexto das políticas públicas de saúde para a DST/HIV/Aids no Estado de São Paulo, no período de 1996 a 2003 [dissertação]. São Paulo: Universidade de São Paulo, Faculdade de Medicina; 2006.

No estilo APA, repetem-se as diferenças da ordem da data de publicação, usa-se itálico em título e subtítulo e omite-se a área da dissertação ou tese:

Grötzner, S. R. (2005). *Densidade e topografia dos fotorreceptores da retina da tartaruga Trachemys scripta elegans com imunocito-química de opsinas* (Tese de doutorado não publicada). Instituto de Psicologia, Universidade de São Paulo, São Paulo.

Documentos eletrônicos devem acrescentar a identificação do suporte e textos *on-line* precisam incluir as expressões "Disponível em:" e "Acesso em:" seguidas da data:

- ◆ Livro eletrônico ou *e-book*:
  VILLAS-BOAS, Sérgio. **Perfis:** o mundo dos outros. 3. ed. Barueri: Manole, 2014. *E-book*.

◆ Documentos disponíveis *on-line*:
BAVARESCO, Agemir; BARBOSA, Evandro; ETCHVERRY, Katia Martin (org.). **Projetos de filosofia**. Porto Alegre: EDIPUCRS, 2011. Disponível em: http ://ebooks.pucrs.br/edipucrs/projetosdefilosofia.pdf. Acesso em: 21 ago. 2011. (ABNT, 2018, p. 7).

No estilo Vancouver, a principal diferença é a posição da informação de acesso e do endereço eletrônico do documento e a forma de grafar a data do acesso:

Della Cruz GT, Weinhardt M. A prosa ficcional: teoria e análise de textos [internet] Curitiba: Intersaberes; 2019. [acesso em 2019 jul. 12]. Disponível em: https://bv4.digitalpages.com.br/?term=prosa%2520de%2520fic%25C3%25A7%25C3%25A3o&searchpage=1&filtro=todos#/busca.

O estilo APA tem uma regra bem simples, só requerendo nome do autor, data de publicação, título e subtítulo, referência à versão digital e o endereço eletrônico (se o livro só tiver a versão eletrônica, subtraem-se os colchetes):

Geller, E. S. (2000). *The psychology of safety handbook*. [versão *on-line*]. Recuperado de http:/www.crcnetbase.com/isbn/ 978-1-56670-540-0.

Os **elementos complementares** são inseridos para identificar melhor o documento. Em uma bibliografia final, se forem indicados para determinado documento (livro, por exemplo), sugere-se utilizá-los em todos os documentos semelhantes que aparecerem na listagem. As editoras comerciais geralmente consideram os custos dessa opção, restringindo esse critério para as obras de caráter científico e acadêmico. Muitas vezes, mesclam as duas formas.

Os elementos complementares podem incluir nome de coleção, tomos, número de páginas e até o ISBN. Veja como ficam as referências anteriores acrescidas dos elementos complementares (em destaque), obedecendo à ordem de entrada:[2]

FILHO, Ciro Marcondes. **Comunicação e jornalismo**. A saga dos cães perdidos. São Paulo: Hacker, 2000. 176 p. (Coleção Comunicação).

MARTINS, Carlos A. **Arquitetura e Estado no Brasil**. Elementos para uma investigação sobre a constituição do discurso moderno no Brasil: a obra de Lucio Costa (1924-1952). Orientador Arnaldo Daraya Contier, 1988. 225 p. Dissertação (Mestrado em História) – Faculdade de Filosofia, Letras e Ciências Humanas-USP, São Paulo, 1988.

Os exemplos dados até aqui dizem respeito à referência de obras completas. Quando se referem a partes de obras e documentos, são acrescentados mais elementos. Depois do título inserem-se a preposição latina *In* (em) e a referência completa, seguida do número das páginas referentes à seção citada:

TSCHICHOLD, Jan. Tipografia e a folha de rosto tradicional. *In:* TSCHICHOLD, Jan. **A forma do livro**. Ensaios sobre tipografia e estética do livro. Cotia: Ateliê Editorial, 2007. p. 91-122.

Há editores, como Martins Filho (2016), que dispensam a repetição do nome do autor na segunda ocorrência quando o autor da seção e da obra for o mesmo e sugerem suprimir a preposição latina. Outros, como Ildete Pinto (1993, p. 109), mantêm a preposição, mas indicam o travessão inferior (fio de 6 toques, em geral) no lugar da segunda ocorrência do nome:

TSCHICHOLD, Jan. Tipografia e a folha de rosto tradicional. *In:* ____. **A forma do livro**. Ensaios sobre tipografia e estética do livro. Cotia: Ateliê Editorial, 2007. p. 91-122.

---

2 Não apresentaremos as variações do Vancouver e do APA aqui, pois tornaria a seção muito extensa. O leitor pode consultar os manuais indicados nas referências bibliográficas.

De todo modo, a primeira forma é a recomendada pela ABNT e a que vem sendo mais usada, ou seja, aquela em que se repete o nome do autor.

Os elementos complementares em livros podem indicar o autor da introdução e o tradutor, informação importante quando a obra é originalmente escrita em língua estrangeira:

TSCHICHOLD, Jan. Tipografia e a folha de rosto tradicional. *In*: TSCHICHOLD, Jan. **A forma do livro**. Ensaios sobre tipografia e estética do livro. Introdução Robert Bringhurst. Tradução José Laurênio de Melo. Cotia: Ateliê Editorial, 2007. p. 91-122.

Artigos de revista (acadêmicas e comerciais) empregam alguns elementos diferentes, pois são periódicos e, como tal, numerados e identificados pelo período em que são publicados. A ABNT (2018, p. 13) lista como essenciais estes elementos: "autor, título do artigo ou da matéria, subtítulo (se houver), título do periódico, subtítulo (se houver), local de publicação, numeração do ano e/ou volume, número e/ou edição, tomo (se houver), páginas inicial e final, e data ou período de publicação". A referência com os elementos essenciais fica assim então (adaptado):

ALONSO, Ângela; COSTA, Valerano; MACIEL, Débora. Identidade e estratégia na formação do movimento ambientalista brasileiro. **Novos Estudos**, São Paulo, v. 1, n. 79, p. 151-167, set./dez. 2007.

No sistema Vancouver, além das diferenças já mencionadas (autor e título), a principal ocorre nas informações da periodicidade da revista – a data (ano e mês) aparece depois do título da revista (sem grifo), e as informações sobre o volume e o número não são precedidas de abreviações: o volume vem logo depois do mês, antecedido de ponto e vírgula, e a informação do número vem entre parênteses, seguida de dois-pontos, que separam do último elemento, a paginação:

Bruno-Ambrosius K, Yucel-Lindberg T, Twetman S. Salivary buffer capacity in relation to menarche and progesterone levels in saliva from adolescent girls: a longitudinal study. Acta Odontol Scand. 2004 Oct;62(5):269-72.

O estilo APA é semelhante ao Vancouver, pois os elementos que diferem são os mesmos do livro (data depois do autor e grifo no título):

Cardoso, O. B. (1949). O problema da repetência na escola primária. *Revista Brasileira de Estudos Pedagógicos*, 13(35), 74-88.

Repare que nenhum dos estilos insere a preposição latina *In* seguida de dois-pontos, como algumas revistas têm usado equivocadamente. A ausência dessa notação ajuda a marcar a diferença entre os dois formatos (livro e revista). No caso de revistas não acadêmicas, a sequência é semelhante, como se vê neste exemplo da NBR 6 023: 2018:

TEICH, D. H. A solução veio dos emergentes. **Exame**, São Paulo, ano 43, n. 9, ed. 943, p. 66-67, 20 maio 2009.

Para artigos ou matérias de jornais acrescenta-se – quando houver – a seção do jornal na qual o artigo foi publicado, o que muda a ordem dos elementos. Quando houver a indicação da seção, o número da página fica depois dela, no fim. Caso não haja essa indicação, o número da página fica antes da data de publicação. Observe os exemplos da ABNT:

- Com a seção:
  OTTA, Lu Aiko. Parcela do tesouro nos empréstimos do BNDES cresce 566% em oito anos. **O Estado de S. Paulo**, São Paulo, ano 131, n. 42 656, 1 ago. 2010. Economia & Negócios, p. B1.

- Sem a seção:
  OTTA, Lu Aiko. Parcela do tesouro nos empréstimos do BNDES cresce 566% em oito anos. **O Estado de S. Paulo**, São Paulo, ano 131, n. 42 656, p. B1, 1 ago. 2010.

5.2.2 Ordem dos elementos

A ordem dos elementos da referência é importante para organizar as informações da obra citada3. Quando só há os elementos essenciais, deve-se repetir a sequência mencionada na seção anterior. As variações e dificuldades aparecem com a entrada dos elementos complementares. Vejamos como fica a ordem completa desses elementos para o livro (exemplo adaptado):

> FRANK, Joseph. **Pelo prisma russo**: ensaios sobre a literatura e cultura, v. 1. 2. ed. tradução Paula Cox Rolim e Francisco Achcar. Prefácio Bóris Alencar. Apresentação Ronaldo Silva. Organizador Afrânio Campos. São Paulo: Edusp, 1992. 260p., 2 t., 4 v. (Coleção Literatura e Cultura). ISBN 85-7710- 385-6.

A ordem proposta por Plínio Martins (2016, p. 667) é apresentada a seguir (a ABNT não apresenta uma referência com os elementos completos, mas ao que tudo indica a sequência é a mesma):

- Sobrenome (simples ou duplo) e nome(s) do autor.
- Título e subtítulo da obra.
- Número de volumes ou tomos consultados.
- Edição, se não for a primeira.
- Nome(s) e sobrenomes(s) do tradutor, prefaciador, apresentador, coordenador, organizador.
- Local da publicação.
- Local da impressão.
- Editora ou instituição responsável.
- Data da publicação.
- Quantidade de páginas.
- Coleção, série, caderno, encarte etc.
- Formato.

---

3 As diferenças mais importantes entre as normas da ABNT e dos estilos Vancouver e APA já foram apresentadas na seção anterior.

Artigos de revista seguem a ordem mencionada na seção anterior:

- Autor.
- Título do artigo ou da matéria (subtítulo, se houver).
- Título do periódico, subtítulo (se houver).
- Local de publicação.
- Numeração do ano e/ou volume.
- Número e/ou edição.
- Tomo (se houver).
- Páginas inicial e final.
- Data ou período de publicação.

De modo geral, em materiais impressos a sequência de elementos está baseada nesses dois modelos. Os formatos diferentes, como vídeos e *podcasts*, entre outros, por conter alguns elementos específicos de notação, seguem uma lógica própria. Como são mais específicos, não trataremos deles aqui, mas você poderá consultá-los na NBR 6023: 2018.

5.3 Formas de grafar os elementos

Nesta seção, trataremos dos elementos essenciais: autor, título, edição, local, editora ou responsável pela publicação, data e descrição física.

5.3.1 Autor

O autor é indicado pelo nome e sobrenome. Nas referências bibliográficas, grafa-se primeiro o sobrenome em caixa-alta, seguido de vírgula e pelo nome por extenso sem ser abreviado (caso se opte por abreviar, todos os nomes terão de ser abreviados). O problema de se abreviar o nome é criar ruídos na bibliografia por causa de coincidências gráficas entre autores diferentes, por exemplo: *COSTA, C.* (Cruz Costa) e *COSTA, C.* (Cláudia Costa).

Nome de autor brasileiro começa com o último sobrenome seguido do prenome e outros adendos:

ECO, Umberto.

ALENCAR, José de.

KEHL, Maria Rita.

Caso haja nomes designativos de parentesco, como *Filho* e *Neto*, eles devem aparecer na posição em que encontram-se no original, em geral no fim do sobrenome, em caixa-alta:

MARTINS FILHO, Plínio.

PRADO JÚNIOR, Caio.

O mesmo ocorre com sobrenomes ligados por hífen e sobrenomes compostos:

FINAZZI-AGRO, Ettore.

SÁ CARNEIRO, Mário de.

Sobrenomes hispânicos começam pela primeira parte do sobrenome:

GARCÍA MARQUEZ, Gabriel.

VARGAS LLOSA, Mário.

Caso haja mais de um autor, separam-se todos por ponto e vírgula.[4] Se houver mais de três, é possível (porém não obrigatório) suprimir os últimos e substituí-los pela expressão latina *et alli* (que significa *e outros*) por extenso ou abreviada *et al.* (aqui e ali é possível encontrar essa forma traduzida, mas não é norma):

CAMPOS, Augusto de; CAMPOS, Haroldo de; PIGNATARI, Décio; SCHNAIDERMANN, Bóris. **Poesia russa moderna** [...]

CAMPOS, Augusto de *et al.* **Poesia russa moderna** [...]

---

4 O estilo APA usa o e estilizado (&), como vimos na seção destinada a citações.

Quando o nome do autor contiver partículas que compõem o sobrenome, estas vêm primeiro:

LA FONTAINE, Jean de.

O'CONNOR, Collin.

D'AMBROSIO, Ubiratan.

DELLA LATTA, Umberto.

Quando a obra for organizada, coordenada ou editada por um responsável, o sistema é o mesmo, acrescentado da abreviatura adequada entre parênteses, no singular:

FRAGOSO, João Luís Ribeiro; ALMEIDA, Carla Maria Carvalho de; SAMPAIO, Antônio Carlos Jucá de. (org.)

NOVAIS, Fernando (coord.)

O nome do organizador, editor ou coordenador pode aparecer depois do título, caso este seja o responsável pela organização, coordenação ou edição da obra de um autor consagrado ou clássico. É comum que isso ocorra, por exemplo, em edições de obras completas de romancistas, poetas etc. Neste caso, a função não é abreviada:

MACHADO DE ASSIS, Joaquim Maria. **Obras completas**. 4. ed. Organizador Afrânio Coutinho. Rio de Janeiro: Aguilar, 2010. 3 v.

Quando a obra for de autoria de uma entidade, de uma instituição, de um órgão público ou de uma empresa, o nome vem grafado em caixa-alta de acordo com a forma que aparece no documento do qual a citação foi extraída. O nome também pode vir abreviado, caso esteja assim na fonte original:

UNIVERSIDADE FEDERAL DO PARANÁ. **Ata de sessão do Conselho Universitário, realizada em 02 de outubro de 1969**. Curitiba: UFPR, 18 set. 2018. Disponível em: https://acervo digital.ufpr.br/handle/1884/32112. Acesso em 12 mar 2019.

No caso de órgãos públicos, essa autoria é precedida do nome do órgão superior ou da jurisdição a que está vinculada:

BRASIL. Secretaria de Educação Fundamental. **Parâmetros curriculares nacionais**: introdução aos parâmetros curriculares nacionais. Brasília: MEC/SEF, 1997. 126 p.

Quando se trata de eventos como congressos e seminários, a entrada se dá pelo nome do evento e acrescenta-se o número correspondente à sua ocorrência (em arábico):

CONGRESSO BRASILEIRO DE BIBLIOTECONOMIA E DOCUMENTAÇÃO, 10, 1979, Curitiba. **Anais** [...]. Curitiba: Associação Bibliotecária do Paraná, 1979. 3 v.

No caso de artigo publicado em evento, a referência começa com os dados do artigo (autor e título), mantendo o nome do evento em caixa-alta:

MORAES, Eugênio Vinci de. Antirrealismo em Nelson Pereira dos Santos: análise da narrativa fílmica de *Azyllo Muito Louco* (1970). *In*: CONGRESSO BRASILEIRO DE CIÊNCIAS DA COMUNICAÇÃO, 40., 2017, Curitiba. **Anais** [...]. Curitiba: Universidade Positivo, 2017.

Quando a autoria for desconhecida, inicia-se a referência com o título da obra, grafando em caixa-alta o primeiro elemento:

- ◆ Livro:
  PEQUENA biblioteca do vinho. São Paulo: Lafonte, 2012.

- ◆ Artigo:
  APPLE fará anúncio dia 25 e apostas indicam serviço de televisão. **Folha de S.Paulo**, ano 99, n. 32.850, 13 mar. 2019. Disponível em: https://www1.folha.uol.com.br/tec/2019/03/apple-fara-anuncio-dia-25-e-apostas-indicam-servico-de-televisao.shtml. Acesso em: 13 mar. 2019.

5.3.2 Título

Um aspecto central em relação ao título é a questão da hierarquia. O nome geral da obra é o elemento que será realçado na referência. Isso é importante, por exemplo, quando se referenciam capítulos de livros ou artigos de revistas e jornais. Nesses casos, sempre é o nome da publicação geral que leva o grifo (itálico ou negrito)[5]. Portanto, é o nome do livro, e não do capítulo; é o nome da revista ou do jornal, e não do artigo, que leva o destaque. Você deve ter reparado isso nas notações que apresentamos até o momento neste livro.

Outro aspecto importante é o do destaque, que é feito por meio do grifo. O grifo pode ser marcado por itálico, negrito e sublinhado. Hoje, a tendência é usar negrito nas referências bibliográficas em obras acadêmicas e itálico em livros comerciais. O sublinhado era utilizado no tempo das máquinas de escrever e hoje está em desuso.

A ABNT, ao contrário do que se imagina, não especifica o uso de itálico ou negrito, só determina a presença do grifo (embora ela mesma opte pelo negrito, como se vê em seus documentos normativos):

> O recurso tipográfico (negrito, itálico ou sublinhado) utilizado para destacar o elemento título deve ser uniforme em todas as referências. Isso não se aplica às obras sem indicação de autoria, ou de responsabilidade, cujo elemento de entrada seja o próprio título, já destacado pelo uso de letras maiúsculas na primeira palavra, incluindo artigo (definido ou indefinido) e palavra monossilábica iniciais (se houver). (ABNT, 2018, p. 5)

O grifo desaparece quando a obra não tem autor e o título é o elemento de entrada da referência. Vale o critério de economia, ou seja, evitar a sobreposição de marcações para indicar o mesmo elemento.

---

5 Como vimos, no estilo Vancouver os títulos não são grifados.

Há muita variação em relação ao uso de maiúsculas ou minúsculas em títulos, mas a tendência atual é escrever apenas em caixa-alta a primeira palavra do título e as restantes em caixa-baixa, como aparece nos documentos da ABNT. Os títulos devem ser grifados e separados do subtítulo por dois-pontos. Há variações com travessão e vírgula. O ideal seria seguir a ficha catalográfica e usar a forma que aparece nela, pois esta seria, provavelmente, a escolha do autor. De todo modo, a ABNT indica dois-pontos:

CANDIDO, Antonio. **Formação da literatura brasileira**: momentos decisivos (1750-1880). Rio de Janeiro: Ouro sobre Azul, 2006.

Repare que o grifo só recai sobre o título. Essa é a forma indicada pela ABNT[6]. Contudo, muitas editoras comerciais e mesmo acadêmicas preferem grifar em itálico tanto o título como o subtítulo:

CANDIDO, Antonio. *Formação da literatura brasileira: momentos decisivos (1750-1880)*. Rio de Janeiro: Ouro sobre Azul, 2006.

O exemplo anterior foi retirado da bibliografia de um livro publicado pela Companhia das Letras (Molina, 2009), uma das maiores editoras do país. Portanto, nem sempre, como já dissemos, as casas publicadoras comerciais seguem a ABNT. O revisor deve estar atento a isso.

Em relação aos periódicos, o título da revista é grifado e o título do artigo é escrito em redondo, sem aspas, em caixa-alta e baixa. Porém, ao contrário do título de livro, o nome do periódico (que é seu título) deve grafar todas as iniciais em caixa-alta:

MARINHO, Felipe Harmata; FRANCISCO, Gustavo Ribeiro de. Creative Commons e possibilidades de reinvenção das agências de notícias na internet. **Revista Uninter de Comunicação**, Curitiba, v. 6, n. 11, p. 66-78, dez. 2018.

---

6 No sistema APA, grifam-se título e subtítulo.

A ABNT admite a abreviação do título da revista caso ela conste no documento original. Boa parte das revistas acadêmicas (não comerciais) é publicada no portal do Scientific Electronic Library Online (SciELO), que abrevia o nome das revistas. Portanto, muitas bibliografias têm apresentando esses títulos na forma abreviada. Embora a norma esteja sendo usada, é preciso pensar em que medida isso pode prejudicar uma das máximas da notação bibliográfica, que é ajudar o leitor a identificar a obra referenciada, pois há abreviações que são muito semelhantes, ainda que remetam a nomes diferentes. Cabe ao editor decidir sobre isso, já que as duas formas são aceitas.

Outro detalhe refere-se à pontuação. Títulos de livros são antecedidos e seguidos de ponto; títulos de revista são antecedidos de ponto, mas sucedidos de vírgula. O revisor não pode se descuidar em relação a isso.

5.3.3 Edição

A menção à edição só deve ser feita se não for a primeira. Usa-se o numeral ordinal referente a ela e a abreviação de *edição* (ed.). Não é necessário abreviar o ordinal acrescentado da letra final com ou sem sobrescrito (2a./2ª). Basta o ponto, assim: *2. ed.* Se a obra for estrangeira, deve-se utilizar o sistema adotado na língua original. Em inglês, por exemplo, usa-se o ordinal seguido das letras abreviadas: *6th/6th*.

Caso haja algum comentário ou acréscimo em relação à edição, devem-se usar as abreviações correspondentes:

CANDIDO, Antonio. **Formação da literatura brasileira:** momentos decisivos (1750-1880). 10 ed. rev. e aum. Rio de Janeiro: Ouro sobre Azul, 2006.

5.3.4 Local de publicação e editora ou instituição responsável

5.3.4.1 LOCAL DE PUBLICAÇÃO

O local da publicação é indicado pelo nome da cidade ou do estado/país. Quando há nomes de cidade iguais, acrescenta-se, depois de vírgula, a sigla da unidade da federação ou do país. Isso também pode acontecer com nomes de cidades menos conhecidas. Há muitos casos de cidades estrangeiras homônimas, como *Cambridge*, que pode ser britânica ou estadunidense. Nesse caso, grafa-se a sigla em português ou em inglês:

Viçosa, MG | Viçosa, AL | Viçosa, RN

Cambridge, EUA | Cambridge, Reino Unido

Cambridge, USA | Cambridge, UK

Há algumas obras que indicam várias cidades como locais de publicação. Nesse caso, a ABNT recomenda inserir apenas a primeira cidade que aparece na ficha catalográfica. Por exemplo, se na obra estiver assim: *São Paulo – Rio de Janeiro – Lisboa – Angola – Moçambique*, inclua apenas a cidade de *São Paulo* antes do nome da editora.

Nos casos de não haver referência da cidade, ocorrem duas situações. A primeira é aquela em que, apesar da ausência do nome da cidade, consegue-se identificar onde foi publicada. A segunda é quando não é possível identificar. No primeiro caso, insere-se o nome da cidade entre colchetes; e, no segundo, a abreviação de *sine loco* (sem local) [*S.l.*] entre colchetes:

FAORO, Raymundo. **Os donos do poder**. 5. ed. [São Paulo]: Globo, 2012.

FAORO, Raymundo. **Os donos do poder**. 5. ed. [*S.l.*]: Globo, 2012.

5.3.4.2 Editora ou instituição responsável

Sempre é bom lembrar, embora destaquemos neste livro as obras escritas, que produtoras e gravadoras também são responsáveis pela publicação de documentos audiovisuais e sonoros, por exemplo, e podem ser consideradas editoras ou instituições responsáveis pela obra:

- Documento audiovisual (ABNT, 2018, p. 25):
  CENTRAL do Brasil. Direção: Walter Salles Júnior. Roteiro: Marcos Bernstein, João Emanuel Carneiro e Walter Salles Júnior. [*S. l.*]: Le Studio Canal; Riofilme; MACT Productions, 1998. 5 rolos de filme (106 min), son., color., 35 mm.

- Documento sonoro(ABNT, 2018, p. 25):
  MOSAICO. [Compositor e intérprete]: Toquinho. Rio de Janeiro: Biscoito Fino, 2005. 1 CD (37 min).

O nome da editora deve aparecer como consta na obra original, retirando-se as informações relacionadas à sua natureza jurídica ou comercial, como *Ltda* e *S/A*. As editoras comerciais suprimem em muitos casos nomes como *editora, editores, livraria e livros* por considerarem-nos supérfluos, uma vez que a posição que o nome da editora ocupa na ordem dos elementos da referência já informa ser ela a casa publicadora. O nome da editora pode ser escrito assim:

[...] São Paulo: Editora Globo, 2019. (ABNT)

[...] São Paulo: Globo, 2019. (editoras comerciais)

[...] São Paulo: Ubu Editora, 2019. (ABNT)

[...] São Paulo: Ubu, 2019. (editoras comerciais)

Se houver alguma ambiguidade, deve-se acrescentar os nomes suprimidos. E, se houver mais de uma editora, elas podem pertencer à mesma cidade ou não. No primeiro caso, coloca-se o nome da cidade e o das editoras seguidos de dois-pontos. Se as cidades forem diferentes, escrevem-se as notações em pares (cidade: editora), separados por ponto e vírgula:

[...] Rio de Janeiro: Elsevier: Campus, 2007.

[...] Campinas: Ed. da Unicamp; São Paulo: Edusp; Belo Horizonte: Ed. da UFMG, 2016.

Se não houver indicação do nome da editora, a ABNT indica a inserção da abreviação da expressão latina *sine nomine* (sem nome) entre colchetes e caixa-baixa, porque vem depois de dois-pontos. Algumas editoras adotam a abreviação de *sem editora* [s. ed.] (Martins Filho, 2016). A expressão em português não precisa de itálico, enquanto a latina é sempre com itálico, conforme indicação da ABNT.

No caso de não haver local de publicação nem editora, a ABNT recomenda colocar as duas abreviações juntas dentro dos mesmos colchetes [*S.l.*: *s.n.*], respeitando a pontuação normal destinada a esses elementos.

5.3.4.3 DATA DA PUBLICAÇÃO

A data indica quando se publicou um livro ou uma revista, quando se gravou ou lançou uma obra audiovisual ou quando se acessou um documento na internet, entre outros documentos. Dependendo da obra, aponta-se apenas o ano; ano e mês; conjunto de meses (bimestre, trimestre, quadrimestre ou semestre); ou ano, mês e dia; e, em algumas situações, até hora. Há casos em que não se conhece a data precisa, o que gera um número de notações que buscam minimizar a ausência desse importante elemento da referência.

Ano

O ano é grafado com números arábicos. Em geral, fica no fim da referência, mas pode ser seguido por alguns poucos elementos, como nome de coleção ou número de tomos ou volumes:

PEREIRA JÚNIOR, Luiz Costa. **Guia para a edição jornalística**. Petrópolis, RJ: Vozes, 2006. (Coleção Fazer Jornalismo).

HOLANDA, Sérgio Buarque de; CAMPOS, Pedro Moacir (dir.). **História geral da civilização brasileira**. São Paulo: Difel: Bertrand, 1960-2010. 3 t. 6 v.

Quando não há indicação do ano na obra, busca-se aproximar--se o máximo possível da data provável, indicando um ano, uma década, um intervalo de anos ou até século aproximados. A ABNT sugere estas marcações (ABNT, 2018, p. 44-45):

[1971 ou 1972] – um ano ou outro

[1969?] – ano provável

[1973] – ano certo, não indicado no item

[entre 1906 e 1912] – intervalos menores de 20 anos

[ca. 1960] ano aproximado

[197-] década certa

[197-?] década provável

[18] século certo

[18 ?] século provável

Caso não seja possível obter qualquer referência sobre a data de publicação, é recomendado usar a abreviação [*s.d.*] (sem data) entre colchetes:

RÓNAI, Paulo. **Escola de tradutores**. Rio de Janeiro: Ministério da Educação e Saúde, [s.d.]. (Os Cadernos de Cultura).

Mês, dia e hora
Geralmente, a indicação de mês e dia aparece em periódicos ou no elemento que marca a data de acesso do consulente ao documento *on-line*. A hora aparece em referências de publicações

on-line, indicando a hora em que o artigo foi publicado ou a hora em que foi acessado.

O mês pode vir acompanhado do dia e do ano, ou só do ano, a depender da obra e das informações contidas nela. O mês sempre vem abreviado, exceto maio, que contém quatro letras.

Há outras formas de indicar os períodos de publicação: pela nomeação da estação do ano, quando o nome dela deve ser escrito por extenso; ou pela notação dos intervalos de meses em que o periódico é publicado: semestral (*sem.* ou *semest.*), quadrimestral (*quadrim.*), trimestral (*trim.*) e bimestral (*bimest.*).

Em vez dessa indicação, o periódico pode preferir anotar o mês inicial e o final do intervalo. A ABNT sugere a ligação desses meses com barra oblíqua: *jan./abr.*; *maio/ago.* Eis alguns exemplos:

PRANDI, Reginaldo. Raça e Religião. **Novos Estudos**, São Paulo, n. 42, p. 113-129, jul. 1995.

MATA, Inocência. No fluxo da resistência: A literatura, (ainda) universo da reinvenção da diferença. **Gragoatá**, Niterói, n. 27, p. 11-31, 2. sem. 2009.

DALLA COSTA, Rosa Maria Cardoso. Plágio acadêmico: a responsabilidade das associações científicas. **Intercom – RBCC**, São Paulo, v. 39, n. 3, p. 185-200, set./dez. 2016.

O mês, o dia e o ano também aparecem no elemento indicador da data de publicação de artigos de jornais e revistas e de documentos acessados *on-line*. A notação é feita sem preposições:

BELISÁRIO, Adriano. Dois assessores de Jair Bolsonaro doaram mais de R$ 100 mil para campanhas da família. **Agência Pública**, 15 mar. 2019. Disponível em: https://apublica.org/2019/03/dois-assessores-de-jair-bolsonaro-doaram-mais-de-r-100-mil-para-campanhas-da-familia/. Acesso em: 22 mar. 2019.

Essa referência pode vir com a indicação da hora da publicação e do acesso:

BELISÁRIO, Adriano. Dois assessores de Jair Bolsonaro doaram mais de R$ 100 mil para campanhas da família. **Agência Pública**, 15 mar. 2019, 8:40. Disponível em: https://apublica.org/2019/03/dois-assessores-de-jair-bolsonaro-doaram-mais-de-r-100-mil-para-campanhas-da-familia/. Acesso em: 22 mar. 2019, 16:51.

Note que a separação entre hora e minuto está indicada por dois-pontos. Essa é a sugestão da ABNT. No entanto, o padrão mais utilizado é a letra *h* para hora: 8h40, 16h51.

SÍNTESE

Neste capítulo, apresentamos os princípios e os procedimentos que envolvem a normalização da citação e das referências de textos e outros documentos.

A citação é a forma que se emprega para inserir, em uma obra, um texto de outro autor de modo inequívoco. Ou seja, qualquer inserção de trechos ou ideias de autores externos à obra deve ser criteriosamente marcada no texto de chegada. A diferença principal se dá entre a citação direta e a indireta. A primeira transcreve literalmente o trecho da obra, enquanto a segunda faz uma paráfrase. Nos dois casos, deve-se indicar claramente quem é o autor do texto ou das ideias mencionadas.

As referências são a forma de identificar as fontes das citações. Elas seguem uma série de regras de padronização para facilitar a identificação do tipo de obra citada. Regram-se os elementos que devem aparecer nelas, a ordem e a forma de grafá-los.

Normalizado o texto, a próxima etapa é diagramá-lo de acordo com o projeto gráfico preestabelecido para a obra. Depois de composto, imprime-se a prova, momento em que se iniciará outro processo: o da revisão de provas, no qual verifica-se se tudo o que foi inserido nele está em seu devido lugar. Estudaremos esse processo no Capítulo 6.

1. Leia o trecho a seguir:

   As citações devem ser fiéis, em primeiro lugar, devem transcrever-se as palavras tal como estão (e, para tal, é sempre conveniente, após a redacção da tese. voltar a verificar as citações no original, pois ao copiá-las à mão ou à máquina, podemos ter cometido erros ou omissões). Em segundo lugar, não se deve eliminar partes do texto sem que isso seja assinalado: esta sinalização de elipses faz-se mediante a inserção de reticências para a parte omitida. (Eco, 2007, p. 176)

   A fidelidade ao texto original é fundamental para a credibilidade da obra. Mas há casos em que o texto citado apresenta erros. Nesse caso, de acordo com o conteúdo deste capítulo, leia as afirmativas a seguir:

   I) O preparador deve transcrever literalmente o texto e usar o termo latino *sic* entre parênteses para indicar o erro do original.

   II) O preparador pode corrigir o erro do original caso a obra publicada seja informativa ou didática.

   III) O preparador deve indicar o erro do original com o termo latino *sic* em qualquer circunstância, independentemente da obra publicada.

   Está correto apenas o que se afirma em:

   a) I.
   b) I e II.
   c) II e III.
   d) I e III.
   e) II.

2. Leia o trecho a seguir:

   Existe um sinal tipográfico da citação, um indicador que equivale a "Eu cito": as aspas, que o impressor Guillaume teria inventado no século XVII para enquadrar, isolar um discurso apresentado em estilo direto ou uma citação. Anteriormente, apenas a repetição do nome próprio do autor citado, sob a forma de uma oração intercalada, "diz fulano", preenchia essa função. (Compagnon, 1996, p. 52)

Além das aspas, como mencionado por Compagnon, há outros elementos que indicam a citação, entre eles:
a) sublinhado e recuo da margem.
b) negrito e diminuição da fonte.
c) diminuição da fonte e trecho fora do corpo do texto.
d) trecho fora do corpo do texto e negrito.
e) aspas simples e diminuição da fonte.

3. Leia o trecho a seguir:

> É preciso aplicar a distinção entre forma e função à citação, que, na verdade – forma e função espontaneamente confundidas –, é uma categoria própria do sistema cultural ocidental dos tempos modernos, uma noção histórica e ideológica inserida em uma certa configuração social. (Compagnon, 1996, p. 65-66)

A citação é inserida por algumas razões. Ou seja, tem uma ou mais funções no texto no qual é inserida. Indique se as afirmações a seguir são verdadeiras (V) ou falsas (F) no que se refere às funções da citação:
( ) A citação é um ornamento destinado a embelezar o texto de chegada e seduzir o leitor.
( ) A citação dá autoridade às ideias desenvolvidas no texto e serve para demonstrar ou provar uma interpretação do autor do texto.
( ) A citação em um texto jornalístico funciona como testemunho de alguém envolvido no fato noticiado.

Assinale a alternativa correspondente à sequência formulada:
a) V, F, F.
b) F, F, V.

c) V, V, F.
d) F, V, F.
e) F, V, V.

4. Leia o trecho a seguir:

> Muitas vezes as referências bibliográficas aparecem no texto misturadas às notas explicativas ou contendo informações suplementares, na sequência numérica das remissivas. É sempre preferível que, quando essas referências forem muitas, em vez de colocá-las em notas, apenas se anote no texto, entre parênteses, o sobrenome do autor citado e a data da publicação. (Morissawa, 2015b, p. 17)

Há formas diferentes de anotar as referências em um texto, menos ou mais rígidas, menos ou mais diretas. Em todas elas, é preciso marcar precisamente sua especificidade. Analise as afirmações a seguir, acerca das referências bibliográficas:

I) Referência bibliográfica são os elementos descritivos retirados de uma obra ou de um documento e que, organizados segundo um padrão, permitem a identificação do tipo de obra consultada.

II) Referência bibliográfica é a forma pela qual o autor do texto remete às ideias de outro autor a fim de fundamentar uma ideia expressa na obra ou demonstrá-la por meio dela.

III) A referência bibliográfica ajuda o leitor a encontrar mais clara e facilmente a obra completa referenciada em um documento ou obra.

Está correto apenas o que se afirma em:
a) I e II.
b) I.
c) II.
d) I e III.
e) III.

5. Leia o trecho a seguir:

Um aspecto comum à maioria dos originais é a despreocupação com as normas técnicas. Embora se tenha por assente que a normalização é função do preparador, os elementos têm de ser necessariamente fornecidos pelo autor. Créditos e referências bibliográficas incompletas, citações mal colocadas, bibliografias carentes de dados elementares chegam às mãos do preparador, exigindo-lhe um trabalho exaustivo de levantamento de falhas para compor uma lista a ser entregue ao autor para solução. (Morissawa, 2015b, p. 17)

As referências precisam ser grafadas corretamente de modo que o leitor não tenha dúvidas quanto ao tipo de fonte que o autor utilizou na obra. Observe as alternativas a seguir e assinale aquela que apresenta corretamente a referência bibliográfica de uma revista acadêmica, segundo a ABNT:

a) MARINHO, Felipe Harmata; FRANCISCO, Gustavo Ribeiro de. Creative Commons e possibilidades de reinvenção das agências de notícias na internet. In: *Revista Uninter de Comunicação*, Curitiba, v. 6, n. 11, p. 66-78, dez. 2018.

b) MARINHO, Felipe Harmata; FRANCISCO, Gustavo Ribeiro de. Creative Commons e possibilidades de reinvenção das agências de notícias na internet. **Revista Uninter de Comunicação**, Curitiba, v. 6, n. 11, p. 66-78, dez. 2018.

c) MARINHO, Felipe Harmata; FRANCISCO, Gustavo Ribeiro de. Creative Commons e possibilidades de reinvenção das agências de notícias na internet. *Revista uninter de comunicação*, Curitiba, v. 6, n. 11, dez. 2018. p. 66-78

d) MARINHO, Felipe Harmata; FRANCISCO, Gustavo Ribeiro de. "Creative Commons e possibilidades de reinvenção das agências de notícias na internet". *Revista Uninter de Comunicação*, Curitiba, 2018.

e) MARINHO, Felipe Harmata; FRANCISCO, Gustavo Ribeiro de. Creative Commons e possibilidades de reinvenção das agências de notícias na internet. In: Revista Uninter de Comunicação, Curitiba, v. 6, n. 11, p. 66-78, dez. 2018.

Questões para reflexão

1. Leia o trecho a seguir:

> É difícil dizer se se deve citar com abundância ou com parci-
> mônia. Depende do tipo de tese. Uma análise crítica de um
> escritor requer obviamente que grandes trechos da sua obra
> sejam transcritos e analisados. Noutros casos,a citação pode
> ser uma manifestação de preguiça, quando o candidato não
> quer ou não é capaz de resumir uma determinada série de
> dados e prefere que sejam outros a fazê-lo. (Eco, 2007, p. 171)

   O problema apresentado por Umberto Eco é bastante recorrente quando se trabalha com revisão de artigos acadêmicos,
   dissertações de mestrado e teses de doutorado. Se você identi-
   ficasse um excesso de citações em um texto desse gênero, que
   soluções poderia propor ao autor?

2. É significativa a variação de padrão na normalização de citações e referências no meio acadêmico e editorial brasileiro.
   Para conhecer melhor como isso ocorre, repita a atividade
   do capítulo anterior, agora observando as coincidências e diferenças de padrão nas citações e nas referências bibliográficas. Com as obras em mãos e/ou na tela, verifique qual é a
   modalidade de citação utilizada na obra (sistema autor-data
   ou sistema numérico), como são usadas as marcas de identificação da citação (aspas, recuo da margem, citação no ou
   fora do corpo do texto) e a quantidade de citações empregadas
   pelo autor. Em relação às referências, identifique as formas de
   padronização adotadas na obra, grafia e ordem dos elementos
   e se obedecem, no caso de obras acadêmicas, as regras da
   ABNT (para isso, verifique a data da obra para comparar com
   a norma correta). Faça outro quadro ou tabela para cada obra
   e depois elabore um quadro geral, comparando-as. Repare,
   primeiro, se cada obra obedece a um mesmo padrão ou varia.

Em seguida, compare os padrões usados nos livros e identifique as coincidências e as diferenças. Faça o mesmo com as obras acadêmicas.

Atividade aplicada: prática

1. Procure quatro revistas acadêmicas. Duas da área de saúde e duas de humanas. Compare os padrões utilizados nelas. Verifique se empregam a ABNT ou os padrões APA ou Vancouver. Observe se há variações, se de fato as revistas de saúde usam o APA ou o Vancouver, e se as de humanas seguem estritamente a ABNT ou não.

REVISÃO DE PROVAS

6

Já pensou em ter de trocar toda uma edição impressa por causa de um erro de revisão? Retirar todos os livros dos pontos de venda, reimprimi-los e depois reenviá-los para esses mesmos lugares? Encrenca, não?

Pois é, isso acontece e dá uma imensa dor de cabeça às editoras. Em 2012, a editora Leya teve de retirar de circulação os exemplares do quinto volume da saga *As crônicas de gelo e fogo – A dança dos dragões* por causa da ausência de um capítulo inteiro do livro. Baita cochilo de revisão.

Isso aconteceu também com uma edição de *O fazedor*, de Jorge Luis Borges – publicada pela Companhia das Letras –, em razão de doze erros em poemas publicados em espanhol. Erro sutil, porém grave a ponto de a editora promover um *recall* da obra, ou seja, uma chamada para os compradores do livro trocarem seus exemplares[1].

Casos como esses são raros, mas demonstram a importância do processo de revisão de provas. Segundo Araújo (2008, p. 364), executada depois que o texto foi composto, a revisão "consiste no acurado cotejo do original com as provas compostas, ainda sem paginar ou já paginadas". É o momento em que se corrigem os erros provocados pela composição do texto e os que não foram identificados pelo preparador de textos ou revisor de originais. Martins Filho (2016) sugere que essas etapas sejam realizadas por profissionais distintos em cada uma das provas, em geral três.

1 MATTOS, L. Cia. das Letras faz *recall* de livro de Borges. **Folha de S.Paulo**, São Paulo, 30 jun. 2008. Disponível em: <https://www1.folha.uol.com.br/fsp/ilustrad/fq3006200817.htm>. Acesso em: 19 fev. 2020.

As provas ainda são feitas no papel, em folhas A4 ou A3. É a forma mais segura. Já há tentativas de reproduzir as marcas de revisão em papel em textos de extensão PDF, mas ainda não estão estabelecidas. No futuro, quando esses problemas estiverem superados, talvez a revisão de provas em papel desapareça, mas sua linguagem estará por trás dos novos programas de revisão.

Em alguns textos digitais, porém, simplesmente não há revisão de provas ou algo afim. Em textos jornalísticos, há a publicação de erratas, uma forma de alertar o leitor de que existe a preocupação em publicar textos sem erros.

Neste capítulo, veremos como se faz essa revisão, que tipos de erros existem e quais costumam aparecer mais, quais são as etapas da revisão de provas e como ocorre a revisão em suportes não impressos.

6.1 Correção de provas

Um princípio básico da revisão de provas é que nesta etapa não se fazem grandes modificações no texto, apenas correções pontuais. Caso haja necessidade de executar qualquer mudança na prova, jamais deve ser indicada sem a anuência do editor. Como diz Araújo (2008, p. 364), o "revisor de provas é um corretor" e seu trabalho consiste em encontrar problemas, indicá-los e resolvê-los.

Outra premissa é a de que a revisão de provas se faz sempre na presença do original preparado, pois é um trabalho de comparação entre duas versões do mesmo texto. Segundo Martins Filho (2016, p. 227), a função básica do revisor de provas é "além de conferir todas as emendas feitas no original, corrigir tudo aquilo que de fato ainda estiver errado e, nos casos de dúvida, consultar seu superior, mas sem jamais se omitir".

É um trabalho de confronto ou comparação que se executa mediante a inserção de sinais na prova. São símbolos que indicam ao diagramador e ao editor que houve alguma omissão, supressão ou inserção indevidas no texto. Foram codificados pela primeira vez por Pierre François Didot, na França, em 1773 (Martins Filho,

2016). Desde então, se popularizaram entre os profissionais da área e hoje são internacionalmente conhecidos.

Para quem acha que esse sistema acabou, saiba que as editoras o utilizam regularmente porque a revisão no papel – como também chamam a revisão de provas – é mais segura e profissional. Um *site* que trabalha com revisão em geral, em boa parte digital, enfatiza esse aspecto:

> Sinais de revisão ainda são usados porque são muito úteis para indicar correções em provas de textos já diagramados. [...] Em empresas e editoras sérias, [...] nunca um revisor fará a revisão do texto no Word para então o texto ser diagramado e *já* ser impresso. Isso significa que estão pulando uma etapa importante: a etapa de revisão e conferência da prova impressa. (Moraes, 2015)

Os sinais de revisão de provas se dividem em *chamadas* e *marcadores*. Os primeiros são inseridos no texto onde é necessário fazer a correção. Os marcadores repetem a sinalização na margem esquerda ou direita do texto. Se o erro localiza-se até a metade esquerda do texto, o marcador fica na margem esquerda; e, se estiver da metade direita até o fim da linha, fica na margem direita. Araújo (2008) chama os sinais no texto de *remissivas*; e os sinais na margem (direita ou esquerda) de *comissivas*.

Há editores que preferem marcar apenas na margem direita, porém pode acontecer de a margem ser insuficiente para conter todas as marcações no caso de uma linha com muitos erros.

Os sinais servem para indicar os erros gramaticais e tipográficos. Uma vez que o texto está composto, os sinais também podem ser utilizados para fazer indicações de normalização visual, o que implica observar espaços em branco, margens, fontes (tipo e tamanho) etc.

A ABNT classifica os sinais de revisão em quatro categorias: 1) suprimir ou modificar elementos colocados a mais; 2) introduzir ou acrescentar elementos faltantes; 3) substituir ou modificar elementos gráficos errados; e 4) ordenar ou arrumar elementos existentes (Araújo, 2008).

Observe, a seguir, como fica a prova com as chamadas (ou remissivas) e os marcadores (comissivas) do tipo autoexplicativo (Martins Filho, 2016, p. 228):

Uma vez indicada no texto, repete-se na margem o mesmo marcador, seguido, |o em sua direita, pela letra, palavra ou frase que substitui o erro ou acréscimo a que a chamada se refere. Neste caso, pode-se repetir a chamada quantas vezes forem || as |em necessárias.

Os sinais são muitos (em média usam-se quarenta) e assinalam erros gramaticais e tipográficos. Os primeiros envolvem desde erros de digitação que provocam equívocos ortográficos, passando por erros de grafia e pontuação, até problemas de concordância ou regência, por exemplo. Os sinais destinados aos erros tipográficos marcam ausência ou excesso de espaços, ausência de grifos (negrito, itálico), grifos inseridos equivocadamente, linhas órfãs ou viúvas etc. Observe, a seguir, os sinais mais importantes da revisão de provas, segundo a classificação de Martins Filho (2016, p. 229-231), na qual é possível ver marcações de tipo gramatical e tipográfico.

Quadro 6.1 – Sinais de revisão de provas

Mudança	Signo na prova	Signo na margem	Prova corrigida
Suprimir letras, palavras ou frases X ou φ	Erros de ɦiggitação	|X	Erros de digitação
Inserir letra, palavra, frase ou pontuação | | | ⌐	Faltou o ponto|fina mas sobraram vírgulas.	|ɑℓ,	Subscrever caractere[1]
Ignorar emenda - - - - -	Se errar, anule a ~~emenda~~.	⟨Vale⟩ - - - - -	Se errar, anule a emenda.
Unir letras ou sílabas de uma palavra ∽	Junte letras ou sílabas sepa|radas com esse sinal.	|∼	Junte letras ou sílabas separadas com esse sinal.

(continua)

Mudança	Signo na prova	Signo na margem	Prova corrigida
Separar letras e palavras ou corrigir entrelinhamento	Separe letras|ou palavras e corrija o ———————— entrelinhamento	|# ⟨#	Separe letras ou palavras e corrija o entrelinhamento
Reduzir espaço ~	Para eliminar espaços excedentes|, use este signo.	|~	Para eliminar espaços excedentes, use este signo.
Inverter ⌐⌐ ∩∪	Com signo este, invertem-se letras ou palavras.	|⌐⌐	Com este signo, invertem-se letras ou palavras.
Caixa-alta ≡ ou ⒸⒶ	É fácil indicar que se deve compor em caixa-alta: três traços embaixo da palavra ou um círculo.	|≡ |ⒸⒶ	É fácil indicar que se deve compor em CAIXA-ALTA: três traços embaixo da palavra ou um CÍRCULO.
Caixa-baixa Ⓒⓑ	Para a caixa-baixa, basta circular a PALAVRA.	|Ⓒⓑ	Para a caixa-baixa, basta circular a palavra.
Caixa-alta e baixa Ⓒⓐⓑ	Quando é preciso indicar maiúscula e minúscula, recorre-se a este signo: "O Rio de Janeiro continua lindo".	‖Ⓒⓐⓑ	Quando é preciso indicar maiúscula e minúscula, recorre-se a este signo: "O Rio de Janeiro continua lindo".
Versalete ══ ou Ⓥ	Para compor em versalete usam-se dois traços ou circula-se a palavra.	|══ |Ⓥ	Para compor em VERSALETE usam-se dois traços ou circula-se a PALAVRA.
Versal-versalete ══ ou Ⓥⓥ	A mesma lógica serve para indicar o versal-versalete.	|══ |Ⓥⓥ	A mesma LÓGICA serve para indicar o VERSAL-VERSALETE.
Negrito ou bold ∿ ou ⓝⓔⓖ	Para compor em negrito opta-se pelo sublinhado ou círculo.	|∿ |ⓝⓔⓖ	Para compor em **negrito** opta-se pelo sublinhado ou **círculo**.
Redondo Ⓡⓔⓓ	O redondo é indicado circulando-se a palavra.	|Ⓡⓔⓓ	O redondo é indicado circulando-se a palavra.
Itálico ——— e Ⓘⓣ	Para indicar o itálico, faz-se um traço sob a palavra a ser destacada.	|Ⓘⓣ	Para indicar o *itálico*, faz-se um traço sob a palavra a ser destacada.

Mudança	Signo na prova	Signo na margem	Prova corrigida
Negrito itálico ~~~ ou (it.neg)	O negrito itálico é indicado com uma linha reta e outra ondulada, ou circulando-se a palavra.	|~~~ |it.neg	O **negrito itálico** é indicado com uma linha reta e outra ondulada, ou circulando-se a **palavra**.
Versalete negrito ~~~ ou (v. neg)	O versalete negrito é indicado com dois traços retos e um ondulado, ou circulando-se a palavra.	|≡≡ |v. neg	O **VERSALETE NEGRITO** é indicado com dois traços retos e um ondulado, ou circulando-se a **PALAVRA**.
Verificar fonte (v.f)	Em caso de fonte errada, pede-se verificar.	|(v.f)	Em caso de fonte errada, pede-se verificar.
Abrir linha)——#	Linhas muito apertadas comprometem a harmonia da mancha. |)—	|)—	Linhas muito apertadas comprometem a harmonia da mancha.
Fechar linha ( )	O mesmo ocorre quando as linhas estão muito abertas.	|( )	O mesmo ocorre quando as linhas estão muito abertas.
Desfazer parágrafo	Às vezes, é preciso unir parágrafos. Por exemplo, os muitos curtos.		Às vezes, é preciso unir parágrafos. Por exemplo, os muitos curtos.
Abrir parágrafo [	[Quando se quer abrir um parágrafo, indica-se exatamente o ponto em que o novo parágrafo deve começar. [Os diagramadores devem conhecer todos os sinais de revisão.	|[|[	Quando se quer abrir um parágrafo, indica-se exatamente o ponto em que o novo parágrafo deve começar. Os diagramadores devem conhecer todos os sinais de revisão.
Evitar repetição de palavras no início ou fim de duas linhas consecutivas	A repetição de palavras ou partes de palavras no início ou fim de duas linhas consecutivas também compromete o visual da mancha.	▭	A repetição de palavras ou partes delas no início ou fim de duas linhas consecutivas também compromete o visual da mancha.

Mudança	Signo na prova	Signo na margem	Prova corrigida
Passar para a linha seguinte	Mesmo quando não há repetição, às vezes é necessário mover palavras para a linha seguinte.		Mesmo quando não há repetição, às vezes é necessário mover palavras para a linha seguinte.
Desfazer caminho de rato	Tal como ocorre com os chamados "caminhos de rato", que prejudicam não só a estética, mas também a leitura.		Tal como ocorre com os chamados "caminhos de rato", que prejudicam não só a estética, mas também a leitura.
Centralizar	Em relação ao posicionamento do texto, pode-se centralizá-lo.	[ ]	Em relação ao posicionamento do texto, pode-se centralizá-lo.
Alinhar à direita	Para indicar alinhamento à direita, usa-se uma reta do lado direito do texto.		Para indicar alinhamento à direita, usa-se uma reta do lado direito do texto.
Alinhar à esquerda	Se o texto deve ser composto à esquerda, a linha reta aparece à esquerda.		Se o texto deve ser composto à esquerda, a linha reta aparece à esquerda.
Compor blocado	Se é preciso indicar uma composição blocada, as duas linhas, à direita e à esquerda, devem aparecer.		Se é preciso indicar uma composição blocada, as duas linhas, à direita e à esquerda, devem aparecer.
Alinhar	Se houver necessidade de recuo, coloca-se o sinal apenas na linha em que o espaço deve aparecer.		Se houver necessidade de recuo, coloca-se o sinal apenas na linha em que o espaço deve aparecer.
Suprimir recuo	Caso seja necessário eliminar um recuo, basta inserir o sinal inverso ao anterior.		Caso seja necessário eliminar um recuo, basta inserir o sinal inverso ao anterior.

Mudança	Signo na prova	Signo na margem	Prova corrigida
Por extenso (p. ext)	A indicação de que um número, por exemplo (300), deve ser escrito se faz por meio dessa abreviatura.	(p. ext)	A indicação de que um número, por exemplo trezentos, deve ser escrito se faz por meio dessa abreviatura.
Verificar original (√e)	Dúvidas ou proble-mas de tradução são (indiciados) e devem ser verificados.	(√e)	Dúvidas ou proble-mas de tradução são indicados e devem ser verificados.
Indicar sobrescrito 1 2	Em livros acadêmicos são muito comuns as chamadas de notas. Para indicar que elas devem ser compostas elevadas, colocam-se dois traços embaixo.	⟩ 1	Em livros acadêmicos são muito comuns as chamadas de notas. Para indicar que elas devem ser compostas elevadas[1], colocam-se dois traços embaixo.
Indicar subscrito 1 2	Faz-se o inverso quando letras e números devem ser compostos como índice.	⟩ a	Faz-se o inverso quando letras$_a$ e números devem ser compostos como índice.

Fonte: Martins Filho, 2016, p. 229-231.

Esses sinais serão o guia para o revisor e o diagramador duran-te as etapas desse processo. Seja na modalidade de revisão que for, as sinalizações são a forma como a revisão combate os diferentes tipos de erros que podem arruinar uma boa obra.

6.1.1 Tipologia dos erros

A revisão de provas é o momento em que o revisor exerce, literal-mente, o papel de corretor (Araújo, 2008). O trabalho concentra--se na variedade de erros possíveis que escaparam aos olhos do preparador de textos e dos que foram inadvertidamente inseridos pelo diagramador.

Os erros que podem aparecer são de diversos tipos. São erros que vêm sendo pensados e catalogados desde a Antiguidade, pri-meiro pelos filólogos e depois pelos editores e revisores de textos.

Os filólogos os classificaram em sete tipos: 1) correção; 2) transposição; 3) omissão; 4) inserção; 5) substituição; 6) confusão de letras; e 7) confusão de abreviaturas (Araújo, 2008). Em relação à grafia de palavras, podem ocorrer casos em que se escreva *liberar* em vez de *deliberar*, erro causado pela omissão da primeira sílaba (*de*), ou quando se substitui uma letra por outra, no caso de *coser/cozer, estágio/estádio*, por exemplo.

Mas essa classificação migrou para o estabelecimento de edições críticas. No meio editorial, ela foi simplificada em três tipos: 1) salto; 2) repetição; e 3) inversão.

1) **Salto**: representa os erros de omissão de letras, palavras, parágrafos e até capítulos, como vimos no caso do livro *As crônicas de gelo e fogo*. O salto, segundo Araújo (2008, p. 366), pode ocorrer de duas formas:

   a) Por contração ou supressão: *penas* no lugar de *pernas* (supressão da letra *r*); *aproximamente* no lugar de *aproximadamente* (supressão da sílaba *da*).

   b) Por omissão de trechos: Araújo (2008) destaca um caso clássico ocorrido no século XVII, em que omitiu-se em uma edição da Bíblia a palavra *não*, no que resultou neste mandamento surpreendente: *cometerás adultério*, quando deveria constar *não cometerás adultério*.

2) **Repetição**: segundo Araújo (2008, p. 366), seria a duplicação de letras, sílabas e palavras. Esse erro é denominado *piolho* pelos revisores e ocorre, por exemplo, na representação de séculos com números romanos, quando, em vez de se escrever *século XVI* escreve-se *século XVII*, ou, como exemplifica Araújo (2008, p. 366), replica-se a letra *s* no nome do pintor francês *Ingres*, grafado *Ingress*.

3) **Inversão**: é talvez a mais rica, pois engloba troca ou mudança de letras, sílabas, palavras ou períodos. Dada essa variedade, recebe o nome de *gato, gralha* e *pastel*. A segunda edição do livro *Contos de Belazarte* (1944), de Mário de Andrade, sofreu uma verdadeira infestação desses erros.

No livro de Mário de Andrade ocorreram *gatos*: no lugar de *agradou*, publicou-se *agarrou*; e em vez de *pernas* saiu *penas*, por exemplo (Moraes, 2009, p. 237). O erro do tipo *gralha* é muito parecido com o erro de gato. A diferença está na troca de letras e sinais, não de palavras. Outro exemplo retirado da lista de Mário de Andrade: o cê-cedilha de *beiços* foi trocado por um jota, formando *beijos*. Araújo exemplifica a troca de *Rainha* por *Bainha*, criando o cômico *Sua Majestade, a Bainha*. O *pastel* corresponde a erros em trechos maiores, quando se embaralham linhas de parágrafos diferentes em um mesmo ponto do corpo do texto. Era muito comum na época da linotipia, porém, com a edição eletrônica, esse fenômeno diminuiu. Araújo (2008, p. 367) apresenta este exemplo: "No matadouro municipal, abateram-se ontem 32 reses, 12 corpos, oito carneiros e *o deputado Fulano de Tal*" (grifo nosso).

Outra forma de classificar os erros é separá-los em ortográficos ou gramaticais e erros de composição gráfica. Os primeiros são erros, por exemplo, de grafia, concordância, regência e clareza, quando há passagens muito obscuras ou confusas. Mas esses erros estão no horizonte da revisão de originais, como vimos no Capítulo 3.

Os erros de composição gráfica são da ordem da composição e englobam desde o uso errado da fonte e do tamanho, passando pela composição assimétrica de linhas – que produzem as viúvas, as linhas órfãs –, repetição de palavras ou sílabas em linhas subsequentes, até problemas de hifenização.

Viúva é a linha final de um parágrafo que sobra no início de uma página ou coluna; e *órfã* é uma linha no final da página que inicia um parágrafo. Quando ocorrem, o revisor deve marcá-las para o diagramador rearranjá-las.

Nas margens esquerda e direita, devem-se observar repetições de letras, hifens, silabas e palavras no final de duas linhas seguidas:

REPETIÇÃO DE HÍFEN
.... requer-
-se.

REPETIÇÃO DE PALAVRAS (MARGEM DIREITA)
....cada
....cada

REPETIÇÃO DE SÍLABAS (MARGEM ESQUERDA)
....obede-
cer...cres-
cer...

REPETIÇÃO DE HÍFEN (MARGEM DIREITA)
....recor-
rer.. obe-
descer...

Há outros erros, como os de entrelinhamento (pode variar ao longo do texto) e o caminho de rato (espaços em branco que desenham um caminho em um conjunto de três ou mais linhas). Na próxima seção, apresentaremos alguns exemplos de erros que escaparam dos olhos do revisor ou do responsável pela edição.

6.1.2 Erros e inadequações
Muitos erros escapam no processo de revisão, entre eles os de digitação e as inadequações gramaticais.

Os **erros de digitação** não revelam desconhecimento da língua e, se forem pontuais, não desabonam a publicação. Porém, se forem recorrentes, demonstram que o processo de produção textual foi descuidado, o que pode arruinar toda a edição.

Eis alguns exemplos de erros que escaparam da revisão:

- *Mofo* no lugar de *modo*:
  Ele sobrevive de mofo rudimentar, com roças de milho, batata, cará, banana e mamão. Ele também caça animais para se alimentar (UOL, 20/7/2018).

- *Miliatares* no lugar de *militares*:
  Vice: 'conta' se o governo errar, é dos miliatares" (Vice Hamilton Mourão diz que conta irá para as Forças Armadas se governo errar demais) (Portal G1, 1/4/2019).

Já as **inadequações gramaticais** revelam um descuido de interpretação ou desconhecimento da norma-padrão. Há casos típicos em que ocorre a troca da grafia de palavras e locuções, como entre *à medida que* (sentido de gradação ou proporção) e *na medida em que* (expressão equivalente a *porque, uma vez que* etc., ou seja, com sentido de causalidade):

À medida em que os dias passam, outros temas surgem nas discussões (Falta combinar no WhatsApp, **Revista Piauí**, 25/5/2018).

Nesse caso, seria mais adequado usar a expressão *à medida que*, já que a ideia é de proporção. O problema é que esse erro abria a matéria, o que o deixou mais visível.

Outro nível de adequação é o *semântico*. Em uma matéria da versão brasileira do jornal espanhol *El País*, empregou-se inadequadamente a palavra *traseiro*:

O silêncio reina na rua de pedras onde mora Inger Enkvist, em Lund, uma das cidades mais antigas da Suécia, com uma das universidades mais importantes deste país nórdico. Ninguém diria que a poucos minutos a pé fica o centro urbano. Esta calma chega ao interior de seu apartamento, uma sobreloja com grandes janelas e um jardim traseiro comunitário. Seu escritório, luminoso e cheio de livros, é um reflexo de sua ideia de como é preciso se entregar a qualquer tarefa intelectual: com ordem, concentração, seguindo regras..., lendo (**El País**, Brasil, 17/7/2018).

Nesse trecho, ocorre um evidente problema de tradução. Empregou-se o adjetivo *traseiro* de um modo que não se usa no português brasileiro, ainda que uma espiada no dicionário indique que a construção não esteja errada (*situado detrás, que fica na parte posterior*). No Brasil, usaríamos algo como *jardim nos fundos, quintal nos fundos* ou *na parte detrás*.

As *inadequações sintáticas*, por sua vez, aparecem de várias formas: regência, concordância, entre outros casos. Eis um caso de regência:

O livro *Fundamentos de Geometria* aborda conteúdos que descrevem sobre o surgimento das formas geométricas (exemplo adaptado pelo autor).

Aqui, o verbo *descrever* não exige preposição, pede apenas complemento direto. A preposição *sobre* está a mais, caracterizando-se como um possível caso de hipercorreção. Ou seja, uma tentativa de escrever segundo a norma-padrão que acaba por acrescentar termos desnecessários à sentença. Bastava escrever assim: *descrevem o surgimento das*.

Outra inadequação diz respeito a combinações sintáticas que pedem formas menos usuais, em geral de infinitivo ou subjuntivo. O uso de conjunções como *embora* ou de advérbios como *talvez* pede a presença do subjuntivo nas formas verbais pospostas a eles: "*Embora fosse* mais rápido, o turista não quis viajar de avião", "*Talvez faça* sol amanhã". O verbo *fosse* está no pretérito imperfeito do subjuntivo e *faça* no presente do subjuntivo. Observe este caso, agora relacionado ao infinitivo:

Procurava-se, assim, o porquê ocorria essa problemática, avaliando e diagnosticando a criança, física e psiquicamente (texto adaptado pelo autor).

Você percebeu que o verbo *ocorrer* está mal-empregado, não? O revisor deveria ter mudado para: "Procurava-se, assim, o porquê de *ter ocorrido* essa problemática". Neste caso, a preposição *de* depois do *porquê* substantivado é necessária e leva o verbo *ter* para o infinitivo (no caso, trata-se do infinitivo impessoal passado composto). Outra forma de reescrever seria desfazer a forma substantivada do *porquê* e levar o verbo para o modo indicativo, no pretérito mais-que-perfeito: "Procurava-se, assim, saber *por que ocorrera* essa problemática".

Há casos que ficam na fronteira entre a norma-padrão estrita e o que se chama de *norma urbana culta*, que é a norma derivada do que efetivamente os falantes dos centros urbanos escolarizados empregam. Ou seja, a primeira é a norma mais tradicional derivada estritamente da escrita, descrita nas gramáticas normativas; enquanto a segunda é resultado de um grande projeto de pesquisa conhecido como Norma Urbana Linguística Culta (Nurc), iniciado da década de 1970 em várias regiões do Brasil[2]. O Nurc entrevistou milhares de brasileiros com ensino superior, moradores de centros urbanos. Com isso, vários linguistas puderam perceber que há formas que a norma-padrão prescreve, mas que os falantes quase não usam mais. Um dos casos é o da voz passiva sintética (*alugam-se casas*, por exemplo). Na maioria das vezes, o falante a transforma em uma oração sem sujeito ou indeterminada. Leia este trecho de uma crônica de Antonio Prata, publicada na *Folha de S.Paulo*:

> Meu xará teve dois programas na TV: *No Reservations*, no Travel Channel e *Parts Unknown*, que apresentava desde 2012 na CNN. Nestes tempos de gourmetização desenfreada, em que "degusta-se" brigadeiro com garfo e faca e contrata-se *sommeliers* de água, ele ia na direção contrária.

Repare neste trecho: "'degusta-se' brigadeiro com garfo e faca e *contrata-se sommeliers de água*". Qual é o sujeito de *contrata-se*? *Sommeliers de água*, não? Portanto, pela norma-padrão, o verbo

---

2 A equipe inicial do Nurc foi composta pelos professores Ataliba Teixeira de Castilho (USP), Mary Kato (Unicamp), Rodolfo Ilari (Unicamp), Leda Bisol (PUC-RS) e Luiz Antônio Marcuschi (UFPE). Hoje, há núcleos em vários estados do país e diversas publicações com análises dos dados coletados.

teria de ir para o plural: *contratam-se sommeliers de água*. O que o revisor deve fazer neste caso? Trata-se de um texto de um grande escritor. O primeiro passo é alertar o autor sobre o desvio, sempre. Depois, discutir se foi proposital ou acidental. Lembre-se de que os escritores conhecem bem a língua, portanto não os subestime. Do diálogo entre o revisor e o autor é que deve sair a decisão. Inclua-se, nesse caso, o editor.

Dos casos apresentados acima, os três primeiros são cochilos de revisão. O quarto também, mas passa por um filtro mais sutil, que é o semântico, o qual exige mais atenção e conhecimento do revisor. O quinto e sexto casos não devem chegar à revisão de provas, pois são problemas que precisam ser resolvidos na revisão dos originais.

O último caso dependerá do contexto. Em um texto científico, o revisor deve alterar o verbo para o plural; em um literário, deve discutir com o autor; em um texto jornalístico, vai depender da seção e do gênero (na crônica, deve dialogar com o autor; no editorial, deve corrigir). Além disso, deve ficar atento à discussão sobre o caso gramatical para se atualizar. Isso é importante para não atuar como um revisor anacrônico.

Esses erros podem ser evitados ou minimizados por meio da racionalização do processo de revisão, do emprego de modalidades desse processo e da clareza quanto às suas etapas, como veremos a seguir.

6.2 Modalidades e etapas de revisão

Na revisão de provas, confrontam-se sempre duas versões (original e prova; primeira prova/segunda prova; etc.) em geral, ambas em papel e independentes, em formato A3 ou A4. Hoje, se faz também o confronto entre uma versão em tela de computador (anterior) e outra em papel (a prova, posterior).

Araújo (2008) distingue quatro formas de fazer a revisão de provas:

1) **Revisão acompanhada**: segundo ele, é o método mais comum e aconselhável. O revisor lê a prova enquanto outro profissional (revisor ou editor, por exemplo) o acompanha de olho no original, conferindo se não há omissões, saltos e inserções indevidas, ou seja, erros em geral.

2) **Revisão silenciosa:** é a revisão feita solitariamente, menos aconselhável, segundo Araújo. O revisor compara as duas versões em papel, em geral com o dedo ou uma régua, cotejando-as e anotando os erros.

3) **Revisão batida**: também conhecida como revisão decalcada, é feita solitariamente, mas o processo é diferente: o revisor coloca o original em cima da prova e compara-os linha a linha. Ele levanta a folha do original e a confere com a prova. Funciona melhor entre a primeira e a segunda provas ou entre a segunda e a terceira, pois comparam-se as marcações da prova anterior com a devida correção da posterior.

4) **Revisão digital**: mais recente, comparam-se o original gravado no monitor e a prova em papel. Tem sido cada vez mais usada, mas não descarta a revisão da segunda e terceira provas no papel.

Segundo Araújo (2008, p. 370), há ainda uma revisão técnica (diferente daquela feita na preparação), feita em geral pelo editor, que verifica a arte final e aspectos tipográficos.

6.2.1 Etapas da revisão

Em geral, imprimem-se três provas depois que o original foi preparado, normalizado e diagramado. Em caso de livros mais complexos, como dicionários e livros extensos com grande quantidade de gráficos e ilustrações, é recomendável fazer mais provas para certificar-se de que o resultado sairá o mais livre possível de erros.

A **primeira prova** é aquela em que se comparam as alterações feitas no original com a primeira versão diagramada. Ou seja, o original em papel, diagramado em Word ou PDF, é comparado com a primeira versão diagramada, que também é impressa. É a revisão de provas mais trabalhosa e obtém melhor resultado quanto é feita em dupla. Nessa etapa, aponta-se o maior número de erros e ainda é possível sugerir alterações maiores, desde que aprovadas pelo editor. Nesse momento, porém, o revisor não tem a autonomia que teve o revisor de original. Os erros flagrados são anotados com os sinais de revisão e reenviados para o diagramador. Este fará as emendas solicitadas pelo revisor e imprimirá a segunda prova.

A **segunda prova** volta para o revisor, que agora faz uma revisão batida ou acompanhada, usando a primeira com as suas marcações e a segunda, na qual verifica se as emendas foram feitas. Se houver outros erros que tenham passado na primeira, ele também os aponta. Ou seja, marca novamente alguma correção que o diagramador deixou de fazer e insere novas marcações relativas a erros que o revisor anterior (que pode ser o mesmo ou não) tenha deixado escapar.

A segunda prova, então, retorna para a composição. Martins Filho (2016) recomenda que o revisor, além de conferir todas as correções, releia todo o texto de modo a procurar eventuais erros que tenham escapado no caso de a primeira prova ter sido revisada por outro profissional. A rigor, é a última prova lida integralmente.

Segue-se para a **terceira prova**. Corrigidos os erros da segunda, a prova é impressa novamente e enviada ao revisor, que a compara com a segunda em revisão silenciosa ou batida. O ideal é que não haja muitas emendas a serem feitas. Caso haja, repete-se o procedimento e segue-se para a quarta, quinta ou quantas provas forem necessárias. Encerra-se então o processo de revisão de provas.

O texto passa pela última composição e produz-se a prova de página, que é a última antes de ser levada à gráfica e parar na mão do leitor. Nesse momento, é feita a verificação final de capítulos, seções, aberturas, espaços em branco, citações, notas e numerações, ou seja, tudo o que diz respeito aos aspectos tipográficos e visuais. Não se modifica mais o texto. Faz-se, ainda, um confronto das primeiras e últimas palavras de cada parágrafo com a prova anterior para checar a ordem das páginas. Passa-se então para a prova heliográfica, que é gravada diretamente nos fotolitos. É chamada também de *blueprint*, por ser impressa em uma tinta azul, mais barata, composta de fenol e amoníaco. Ela mostra a posição exata de todos os elementos do texto (Araújo, 2008). Essa verificação já não é feita pelo revisor e constitui tarefa do editor ou do editor-assistente, dependendo da estrutura da casa editorial.

6.3 Revisão sem provas?

A chamada sociedade da informação que tomou corpo no Brasil no fim da década de 1990 transformou o campo da revisão de provas e da revisão em geral. Com as facilidades trazidas pela informatização e digitalização das comunicações e, por extensão, dos gêneros textuais, editoras e jornais cortaram custos, diminuindo ou mesmo eliminando o número de funcionários contratados.

Se há um corretor ortográfico acoplado ao editor de texto, o repórter ou o redator de um jornal podem abrir mão de um revisor. Ou, então, dada a facilidade de acessar programas, páginas e livros de referência pela internet, boa parte do trabalho de revisor pode ser feita sem ele.

O fato é que a consolidação da informatização dos processos editoriais e jornalísticos, somada ao avanço da *web* sobre todas as formas de comunicação, mudou o processo de revisão textual neste século. Uma dessas mudanças diz respeito à revisão, em particular à revisão de provas, que em muitos espaços da *web* nunca existiu e, onde existiu, como nos jornais, vem perdendo espaço ou modificando seus processos.

6.3.1 O controle de erros

Ao percorrer as páginas de jornais eletrônicos, você pode ter encontrado textos parecidos com este:

ESTAVA ERRADO: A versão original deste texto traduzia a expressão *tiny house movement* como "pequeno movimento da casa". Na realidade, a tradução correta é "moda das mini-casas". A correção foi feita às 19 h 12 de 25 de fevereiro de 2019.[3]

O texto a que a errata acima se refere foi postado em 23 de fevereiro de 2019. Dois dias, portanto, foi o intervalo entre a publicação e a correção do texto. Correção que merecia outra correção, já que a palavra *minicasas* com hífen não se justifica, dado que o antepositivo *mini-* liga-se sem hífen aos radicais das palavras com as quais se combina, com exceção do *h* e do *i*.

Mas o fato é que a errata publicada nesse jornal eletrônico passou a ser uma prática adotada por esses veículos para administrar a presença dos erros nos textos publicados sob sua responsabilidade.

A *Folha de S.Paulo* criou no início da década de 1990 a seção "Erramos", em que publica os erros identificados em edições anteriores. No manual da redação desse jornal, de 2018, há um capítulo no qual são transcritos alguns exemplos dessa seção. Aparecem trocas de nomes (*o grego Malandro,* no lugar de *o grego Menandro;* e *Pedro Táxi,* em vez de *Pedro Taques*) e informações equivocadas (*quatro anos,* em vez de *quatro horas;* e *3.650 quilos,* no lugar de *3,65 quilos*), entre outros erros.

A *Folha de S.Paulo* fechou o setor de revisão em 1984. Cerca de cem funcionários foram "substituídos por apenas um encarregado de apontar os erros de português e de digitação na edição de cada dia" (Soares, citado por Dejavite; Martins, 2006, p. 24). *O Estado de S. Paulo* foi no mesmo caminho no começo da década seguinte: em 1991, já não havia esse setor na redação. Houve uma explosão de erros assim que isso aconteceu. De uma média entre vinte a trinta erros, chegou-se a trezentos em uma edição (Dejavite; Martins, 2006).

3 OLBERDING, A. Arrumar não é prazeroso, mas sim outro mau uso das ideias orientais. **Nexo**, 23 fev. 2019. Disponível em: <https://www.nexojornal.com.br/externo/2019/02/23/Arrumar-n%C3%A3o-%C3%A9-prazeroso-mas-sim-outro-mau-uso-das-ideias-orientais>. Acesso em: 19 fev. 2020.

Em 2004, o *ombudsman* da *Folha de S.Paulo* na época, Marcelo Beraba, contou 3,6 erros diários de português, digitação e padronização por página, mais 1.130 erros de informação no total, por dia. Pode parecer um aumento brutal em relação aos dados do *Estadão*, mas os critérios usados foram diferentes. Houve uma diminuição dos erros, mas ainda são muitos.

Beraba, citado por Dejavite e Martins (2006), observa que isso faz aumentar a necessidade de mais redatores experientes nas bancadas dos jornais. Em número insuficiente, porém, a responsabilidade do redator aumenta, pois ele acaba sendo o responsável por checar todas as informações, além de livrar os textos de erros gramaticais e digitais. O redator, então, conta com o apoio, onde há, da turma do controle de erros.

Nos jornais gestados na era eletrônica, a maioria não tem revisor. A *Agência Pública* é um dos poucos portais que mantém revisores. Em geral, os editores leem os textos dos outros editores ou repórteres. Chamam isso de checagem, pois a leitura abarca desde o acerto das informações até as questões gramaticais. Quando as matérias são mais extensas, outros integrantes da redação são chamados para fazer a checagem dos dados.[4]

O processo de revisão textual, portanto, continua a existir, mas é executado pelo redator ou por checadores eventuais.

6.4 Programa em vez de papel

Hoje, na *web*, existe algo que se chama *produção de conteúdo* e está ligado à área de publicidade, propaganda e *marketing*. Empresas terceirizam o trabalho de produção e revisão de textos. O revisor de textos, então, atua como copidesque, conforme enfatiza uma das páginas dessas empresas:

> O trabalho dos revisores [...], assim como do time de analistas de qualidade de conteúdo, vai muito além de corrigir erros e adequar o texto às regras gramaticais. É preciso garantir que o artigo, além

4 Informações concedidas por Rafael Moro Martins, da *Intercept Brasil* (16 abr. 2019).

de estruturalmente impecável, traga um conteúdo realmente relevante para o leitor. (Drubscky, 2018, p. 6)

Mais adiante, especifica-se que o trabalho de revisor é semelhante ao de copidesque, ou seja, "espera-se que o profissional não apenas corrija erros, mas [faça] todas as alterações necessárias para que o artigo fique o mais claro e bem escrito quanto possível" (Drubscky, 2018, p. 9). Como vimos no Capítulo 3, a atuação do revisor, neste caso, vai além da de corretor, pois espera-se que ele intervenha no texto.

Essa preparação de textos é dividida em seis passos: interpretação do *pitch*, formatação do texto, revisão e copidesque, análise do conteúdo, observações finais e avaliação do texto. *Pitch* é o nome que se dá ao guia da pauta, ou seja, às especificações do texto, que incluem a área na qual o texto se enquadra, o perfil do leitor (o público específico para quem o texto é escrito), as chamadas que devem ser inseridas no texto e a construção do texto, entre outras especificações ligadas ao *marketing* de conteúdo.

Formatação, revisão e copidesque são estratégias semelhantes às de outras revisões, só que voltadas ao gênero específico da área de *marketing* de conteúdo. A análise de conteúdo é uma checagem das fontes, e os dois últimos itens aproximam-se de um parecer, ou seja, um diagnóstico que o revisor faz do texto segundo as diretrizes descritas na pauta inicial.

É, portanto, um trabalho de análise, redação e revisão. Não há revisão de provas, mas uso de ferramentas *on-line*, como Google Docs, Incopy e ferramentas de revisão pagas ou disponíveis gratuitamente *on-line*.

SÍNTESE

Neste capítulo, vimos que a revisão de provas é praticamente a *última* etapa do processo de revisão textual. Só não é a última porque ainda há a prova heliográfica ou *blueprint*, que é feita pelo editor ou editor-assistente.

A revisão de provas é o processo por meio do qual comparam-se minuciosamente as provas compostas com o original preparado. *É o m*omento em que procura-se identificar os últimos erros textuais e consertar os últimos defeitos de composição.

Os erros de revisão podem ser provocados por saltos, repetições e inversões. Foram denominados *gato, piolho, gralha* e *pastel*, de acordo com sua tipologia. Para serem evitados, há modalidades e etapas, como a revisão acompanhada, a silenciosa e a batida, realizadas com dois revisores ou individualmente. Com dois *é* sempre mais eficiente, porém, por questões econômicas, sua incidência tem diminuído.

Com a digitalização de diversos processos, a revisão de provas tem perdido lugar na *web*. Jornais e *áreas de marketing* têm substituído essa modalidade por outros recursos, como o uso de ferramentas digitais, a leitura entre editores e o uso de erratas para sinalizar erros no texto publicado e dar mais credibilidade à publicação.

ATIVIDADES DE AUTOAVALIAÇÃO

1. Leia o trecho a seguir:

> O revisor de provas deverá ser capaz de captar quaisquer erros que tenham sido cometidos na composição/formatação, dar instruções para sua correção e, também, zelar para que os enganos cometidos pelo preparador de originais (responsável pela revisão de textos e sua normalização) sejam evitados, chamando, se for o caso, a atenção deste. Erros gramaticais e ortográficos, linhas deslocadas, salto de palavras ou trechos, letras defeituosas, alterações de fonte e estilo, defeitos no entrelinhamento ou mancha são algumas das preocupações que o revisor de provas deve ter em mente ao conferir as provas gráficas. (Moraes, 2015, p. 46)

Etapa em que os erros devem ser eliminados, a revisão de provas é minuciosa e deve ser a mais precisa possível. Indique a alternativa que não apresenta erro gramatical ou tipográfico:

a) "O trabalho do revisor de provas gráficas se inicia quando recebe o texto composto/formatado sobre papel comum, acompanhado dos originais correspondentes".

b) "O trabalho do revisor de provas gráfica se inicia quando recebe o texto composto/formatado sobre papel comum, acompahnado dos originais correspondentes".

c) "O trabalho do revisor de provas gráficas *se inicia* quando recebe o texto composto/formatado sobre papel comum, aconhado dos originais correspondentes".

d) "O trabalho do revisor de provas gráfica se inicia quando recebe o texto composto/fortamado sobre papel comum, acompanhado dos originais correspondentes".

e) "O Trabalho do **revisor** de provas gráfica se inicia quando recebe o texto composto/formatado sobre papel comum, acompanhado dos originais correspondentes".

2. Na revisão de provas, deve ser eliminada a maior quantidade possível de erros, com precisão e minúcia. Indique a alternativa que não apresenta erro gramatical ou tipográfico:

a) "Para esecutar sua tarefa, o revisor de provas gráfica deve ter memorizado certo número de sinais, na relidade, aqueles que são mais frequentemente utilizados".

b) "Para executar sua tarefa, o revisor de provas gráficas deve ter memorido certo numero de sinais, na realidade, aqueles que são mais frequentemente utilizados".

c) "Para executar sua tarefa, o revisor de provas gráficas deve ter memorizado certo número de sinais, na realidade, aqueles que são mais frequentemente utilizados".

d) "Para executar sua tarefa, o revisor de provas gráficas deve ter memorizado **certo número de sinais**, na Realidade, aqueles que são mais frequentemente Utilizados".

e) "Para executar sua tarefa, o revisor de provas gráficas deve ter memorizado certo número de sinais, na readade, Aqueles que são mais frequentemente utilizados".

3. Leia o trecho a seguir:

> O processo da revisão de provas envolve determinadas etapas mais ou menos fixas, quando da produção de um livro. O setor de composição/produção gráfica executa a primeira, a segunda e a terceira provas [...]. (Moraes, 2015, p. 50)

Há pelo menos três etapas no processo de revisão de provas. Essas etapas podem ser feitas por meio de modalidades diferentes de revisão. São modalidades de revisão de provas:

a) revisão batida e revisão da tradução.
b) revisão acompanhada e revisão silenciosa.
c) revisão dos originais e revisão técnica.
d) revisão silenciosa e preparação de textos.
e) revisão da tradução e revisão de originais.

4. Leia o trecho a seguir:

> A revisão de provas gráficas consiste na verificação da fidelidade entre original e composição/formatação do texto. Tarefa de suma importância dentro de uma editora, requer do revisor de provas, além de um bom conhecimento normativo da língua, extrema capacidade de concentração. (Moraes, 2015, p. 46)

Para que a fidelidade entre o original e as provas seja a mais próxima possível, são necessárias várias etapas. Considerando o conteúdo deste capítulo sobre as etapas de revisão, leia as afirmativas a seguir:

I) Na primeira etapa, comparam-se as alterações feitas no original com a primeira versão diagramada.

II) Na segunda etapa, faz-se uma revisão batida ou acompanhada. Na primeira prova estão as marcações feitas e, na segunda prova, o revisor verifica se as emendas foram realizadas.

III) Na primeira etapa, a prova deve ser alterada de acordo com as observações do revisor, que pode cortar, incluir trechos e até mudar livremente o estilo do autor.

Está correto apenas o que se afirma em:

a) III.
b) II.
c) I e III.
d) II e III.
e) I e II.

ATIVIDADES DE APRENDIZAGEM

Questões para reflexão

1. Imagine que você trabalhe em uma editora há três anos e os donos decidem eliminar o processo de revisão de provas. Em um ano, percebe-se que o número de erros aumentou. Que soluções você proporia aos editores? Sugeriria a implantação de ferramentas mais atualizadas ou o retorno da revisão de provas?

2. Jornais, livros e artigos acadêmicos não estão livres de erros. Mas cada um a seu modo costuma apresentar erros peculiares. Consulte pelo menos um texto de cada área dessas e faça uma pequena lista dos erros que encontrar e compare-os. Depois, reflita sobre as diferenças e as semelhanças entre eles.

Atividade aplicada: prática

1. Escolha dois artigos acadêmicos: um publicado no portal Scielo e outro em anais de algum congresso acadêmico. Imprima-os, separe uma caneta e um lápis, coloque ao lado a lista de sinais de revisão e trate os artigos como uma prova tipográfica. Faça os sinais de revisão de acordo com o que você aprendeu neste capítulo, usando as remissivas e as comissivas. Lembre-se de anotar a lápis os trechos cujos problemas sejam complexos ou que você não possa resolver por ser necessária uma grande intervenção no texto. Com a caneta, marque os erros que devem ser corrigidos. Depois, compare a revisão dos dois artigos. É provável que o texto do congresso apresente mais problemas, pois textos como esse geralmente não passam por revisão e são escritos por estudantes ainda em formação. Bom trabalho.

Considerações finais

Você deve ter compreendido que os processos de revisão textual servem à publicação bem acabada. Qualquer que ela seja. Neste livro, destacamos os processos que envolvem a revisão do livro, pois são estes que acumularam saber, métodos e técnicas por cerca de 2 mil anos. Esses processos são a base para todo trabalho de revisão textual, seja em papel, seja em meio digital.

Todo texto publicado é normalizado, o que significa adequar-se a um conjunto de normas – tipográficas, linguísticas e de estilo. Produtos de uma convenção, as normas estabelecem um padrão a ser seguido pelos profissionais do ramo. Mas, como vimos, essas normas são relativamente estáveis, ou seja, flutuam sincrônica e diacronicamente.

Essa adequação implica produzir um texto sem erros tipográficos ou gramaticais. Embora seja uma meta impossível, é factível publicar com um mínimo de desacertos, quase imperceptíveis ao leitor comum.

Não bastassem os erros, o revisor também é em parte responsável pela boa apresentação do texto, seja do ponto de vista visual, seja do estilo. O trabalho de revisão textual, então, é mais amplo do que o de um apanhador de erros ortográficos ou tipográficos. Ele avança para o de preparador de originais e para o copidesque.

Com a expansão da rede mundial de computadores, os domínios da revisão estão se transformando. Em parte desaparecendo, como ocorreu nos jornais, e em parte ressurgindo, como vem acontecendo na área de *marketing*.

De qualquer modo, enquanto o Titivillus – o demônio da revisão medieval – continuar aprontando, a revisão textual será necessária, da forma que for.

Referências

ABL – Academia Brasileira de Letras. **Vocabulário ortográfico da língua portuguesa (Volp)**. 5. ed. Rio de Janeiro: Global, 2009.

ABNT – ASSOCIAÇÃO BRASILEIRA DE NORMAS TÉCNICAS. **NBR 6023**: informação e documentação: elaboração: referências. Rio de Janeiro, 2002a.

_____. **NBR 6023**: informação e documentação: elaboração: referências. Rio de Janeiro, 2018.

_____. **NBR 6024**: informação e documentação: numeração progressiva das seções de um documento escrito: apresentação. Rio de Janeiro, 2003.

_____. **NBR 6025**: informação e documentação: revisão de originais e provas. Rio de Janeiro, 2002b.

_____. **NBR 6029**: informação e documentação: livros e folhetos: apresentação. Rio de Janeiro, 2006.

_____. **NBR 10520**: informação e documentação: citações em documentos: apresentação. Rio de Janeiro, 2002c.

_____. **NBR 14724**: informação e documentação: trabalhos acadêmicos: apresentação. Rio de Janeiro, 2011.

ALENCAR, J. de. Rio, 17 de setembro de 1854. In: _____. **Ao correr da pena**. São Paulo, 1955.

ARAÚJO, E. **A construção do livro**. Rio de Janeiro: Nova Fronteira, 2008.

AULETE, J. C.; VALENTE, A. L. dos S. **Dicionário Aulete digital.** Rio de Janeiro: Lexikon, 2014.

BARBARA, V. O preparador, esse desconhecido. **Blog da Companhia**, 31 jan. 2011. Disponível em: <http://historico. blogdacompanhia.com.br/2011/01/o-preparador-esse-desconhecido/>. Acesso em: 17 fev. 2020.

BARBOSA, R. **Obras seletas.** Rio de Janeiro: Fundação Biblioteca Nacional, 1956. v. 6. Disponível em: <http://www. dominiopublico.gov.br/download/texto/bn000086.pdf>. Acesso em: 16 nov. 2019.

BETHONICO, B. R. Encontro com Ana Maria de Moraes: pensamentos sobre editoração. In: QUEIROZ, S. **Editoração:** arte e técnica. 3. ed. rev. Belo Horizonte: Fale/UFMG, 2015. p. 53-57.

CAMBRAIA, C. N. **Introdução à crítica textual.** São Paulo: M. Fontes, 2005. (Coleção Leitura e Crítica).

CARDOSO, R. Revisor ou preparador: os papéis dos profissionais do texto. **Artigo Definido**, São Paulo, p. 1-15. Disponível em: <http://www.usp.br/cje/comarte/ pdf/ad10/05%20RevistaAD_Final_pp-duplas%20-%20 REVISOR%20OU%20PREPARADOR.pdf>. Acesso em: 18 fev. 2020. p. 10-15.

CHARTIER, R. Do códice ao monitor: a trajetória do escrito. Tradução de Jean Briant. **Estudos Avançados**, São Paulo, v. 8, n. 21, maio/ago. 1994.

_____. Mediação editorial. In: **Os desafios da escrita**. São Paulo: Ed. da Unesp, 2002a. p. 61-76.

_____. **Os desafios da escrita**. São Paulo: Ed. da Unesp, 2002b.

CLAIR, K.; BUSIC-SNYDER, C. **Manual de tipografia**: a história, a técnica e a arte. 2. ed. São Paulo: Bookman, 2009.

COELHO NETO, A. **Além da revisão**: critérios para revisão textual. Brasília: Senac, 2017.

COMPAGNON, A. **O trabalho da citação**. Tradução de Cleonice P. B. Mourão. Belo Horizonte: Ed. da UFMG, 1996.

CURITIBA. Prefeitura Municipal. **Agentes de trânsito começam a fiscalização com radares estáticos**. 16 jan. 2018. Disponível em: <https://www.curitiba.pr.gov.br/noticias/agentes-de-transito-comecam-a-fiscalizacao-com-radares-estaticos/44745>. Acesso em: 16 nov. 2019.

DEJAVITE, F. A.; MARTINS, P. C. O revisor de texto no jornal impresso diário e seu papel na sociedade da informação. **Comunicação e Inovação**, p. 22-29, jul./dez. 2006.

DIAS, E. N. A interessante estrutura e organização dos livros manuscritos. **Linguagem**: Estudos e Pesquisas, Catalão, v. 10-11, 2007.

DRUBSCKY, L. Guia de revisão de texto: como garantir a qualidade de um conteúdo? **Rock Content**, Belo Horizonte, 28 maio 2018. Disponível em: <https://comunidade.rockcontent.com/guia-de-revisao-de-texto/>. Acesso em: 16 nov. 2019.

ECO, U. **Como se faz uma tese**. 13. ed. Lisboa: Presença, 2007.

FEBVRE, L.; MARTIN, H.-J. **O aparecimento do livro**. Tradução de Fulvia M. Moretto e Guacira Marcondes Machado. São Paulo: Edusp, 2017.

FOLHA DE S.PAULO. **Manual da redação**. 21. ed. São Paulo: Publifolha, 2018.

FUNARO, V. M. B. de O. (Coord.). **Diretrizes para apresentação de dissertações e teses da USP**. 3. ed. rev. e ampl. São Paulo: SIBi/USP, 2016. 4 v. (Cadernos de Estudos, 9).

GENETTE, G. **Paratextos editoriais**. Cotia: Ateliê, 2009.

HOUAISS, A. **Elementos de bibliologia**. São Paulo: Hucitec; Brasília: INL/Fundação Nacional Pró-Memória, 1983.

_____. **Grande dicionário Houaiss da língua portuguesa**. Rio de Janeiro: Objetiva, 2012.

IAH – Instituto Antônio Houaiss. **Houaiss Corporativo**: grande dicionário. Extensão para Google Chrome. Disponível em: <https://houaiss.uol.com.br/corporativo/index.php>. Acesso em: 14 fev. 2020.

LABARRE, A. **História do livro**. Tradução de Maria Armanda Torres e Abreu. São Paulo: Cultrix; Brasília: INL, 1981.

LAPA, M. R. **Estilística da língua portuguesa**. 11. ed. São Paulo: Martins Fontes, 1982.

LARDELLIER, P. À quel titre? Ah! Quel titre! **Communication et langages**, n. 108, p. 53-79, 1996.

LUFT, C. **Grande manual de ortografia**. 3. ed. São Paulo: Globo, 2012.

MACEDO, H. R. de; LACERDA, J. de S. Do papel para a tela: a cultura do livro impresso como perspectiva para compreender a prática de leitores de livros digitais. In: ENCONTRO DA COMPÓS, 21., 2012, Juiz de Fora.

MACHADO, C. Revisão em agências de tradução. **Revisão para quê?**, 27 mar. 2017. Disponível em: <https://revisaoparaque.com/blog/revisao-de-traducao-areas-da-revisao/>. Acesso em: 16 nov. 2019.

MACHADO DE ASSIS, J. M. **Memórias póstumas de Brás Cubas**. 1880. Disponível em: <http://www.dominiopublico.gov.br/download/texto/bn000167.pdf>. Acesso em: 16 nov. 2019.

MANGUEL, A. **Uma história da leitura**. Tradução de Pedro Maia Soares. São Paulo: Companhia das Letras, 1997.

MARCIAL, M. V. **Epigramas**. Tradução de Rodrigo Garcia Lopes. Cotia, SP: Ateliê, 2018.

MARCONDES FILHO, C. **Comunicação e jornalismo**: a saga dos cães perdidos. São Paulo: Hacker, 2000.

MARTINS, N. S. **Introdução à estilística**. São Paulo: Edusp, 2012.

MARTINS, W. **A palavra escrita**: história do livro, da imprensa e da biblioteca. 2. ed. rev. e ampl. São Paulo: Ática, 1996.

MARTINS FILHO, P. M. (Org.). **Livros, editoras e projetos**. São Paulo: Ateliê/Com-Arte; São Bernardo do Campo: Bartira, 1997.

_____. **Manual de editoração e estilo**. Campinas: Ed. da Unicamp; São Paulo: Edusp; Belo Horizonte: Ed. da UFMG, 2016.

MEDEIROS, J. B. **Manual de redação e normalização textual**: técnicas de editoração e revisão. São Paulo: Atlas, 2002.

MELOT, M. **Livro**. Tradução de Marisa M. Deaecto e Valéria Guimarães. Cotia: Ateliê, 2012. (Coleção Arte do Livro).

MOLINA, M. M. **História dos jornais no Brasil**. São Paulo: Companhia das Letras, 2015.

MORAES, A. M. Revisão de provas gráficas. In: QUEIROZ, S. **Editoração**: arte e técnica. 3. ed. rev. Belo Horizonte: Fale/ UFMG, 2015. p. 46-52.

MORAES, A. Sinais de revisão estão ultrapassados? **Revisão para quê?**, 17 mar. 2015. Disponível em: <https:// revisaoparaque.com/blog/sinais-de-revisao-estao- ultrapassados/>. Acesso em: 16 nov. 2019.

MORAES, M. A. de. 124 erros de revisão! **Literatura e Sociedade**, v. 12, n. 12, p. 224-238, dez. 2009.

MORISSAWA, M. A organização do trabalho do texto. In: QUEIROZ, S. **Editoração**: arte e técnica. 3. ed. rev. Belo Horizonte: Fale/UFMG, 2015a. p. 8-10.

_____. O manuscrito e o processo de edição. In: QUEIROZ, S. **Editoração**: arte e técnica. 3. ed. rev. Belo Horizonte: Fale/UFMG, 2015b. p. 11-17.

_____. O preparador de originais. In: QUEIROZ, S. **Editoração**: arte e técnica. 3. ed. rev. Belo Horizonte: Fale/UFMG, 2015c. p. 19-22.

NEVES, M. H. de M. **A gramática**: história, teoria e análise, ensino. São Paulo: Ed. da Unesp, 2002.

PERPÉTUA, E. D. O revisor como tradutor. In: QUEIROZ, S. **Editoração**: arte e técnica. 3. ed. rev. Belo Horizonte: Fale/UFMG, 2015. p. 18-21.

PINTO, I. O. **O livro**: manual de preparação e revisão. São Paulo: Ática, 1993.

PUCHNER, M. **O mundo da escrita**: como a literatura transformou a civilização. São Paulo: Companhia das Letras, 2019.

QUEIROZ, S. (Org.). **Editoração**: arte e técnica. 3. ed. Belo Horizonte: Fale/UFMG, 2015.

RABAÇA, C. A.; BARBOSA, G. G. **Dicionário de comunicação**. Rio de Janeiro: Lexicon, 2014.

RAMOS, G. **Cartas**. Rio de Janeiro: Record, 1980.

SOUSA, J. G. de. **Bibliografia de Machado de Assis**. Rio de Janeiro: Ministério da Educação e Cultura, 1955. p. 100-103.

SPINA, S. **Introdução à edótica**: crítica textual. São Paulo: Cultrix/Edusp, 1977.

ZINSSER, W. **Como escrever bem**. São Paulo: Três Estrelas, 2017.

Bibliografia comentada

Há vários livros no mercado voltados para a revisão. O importante é conhecer um pouco a tradição nessa área para não fundamentar o trabalho de revisão em autores pouco confiáveis.

HOUAISS, A. **Elementos de bibliologia**. São Paulo: Hucitec; Brasília: INL/Fundação Nacional Pró-Memória, 1983.
Essa obra é um marco nos estudos editoriais brasileiros, pois foi a primeira a sistematizar o trabalho na área até então executado no Brasil. Houaiss inclui nessa sistematização os princípios da edóctica ou crítica textual, nome que se dá hoje aos estudos filológicos. O livro orienta teórica e praticamente como deve se guiar a publicação de um livro. Com isso, tornou o trabalho de publicação mais rigoroso e científico e foi a base que fundamentou a editoração de muitas publicadoras comerciais e acadêmicas do país.

ARAÚJO, E. **A construção do livro**. Rio de Janeiro: Nova Fronteira, 2008.
Depois do livro de Houaiss, é seguramente o que mais influenciou as práticas editoriais no Brasil. Modernizou as informações de Houaiss, aproximou a linguagem da edótica do leitor e deu bastante destaque às questões tipográficas e de estilo. Além disso, discutiu questões da produção industrial do livro, ausentes na obra de Houaiss.

PINTO, I. O. **O livro**: manual de preparação e revisão. São Paulo: Ática, 1993.
Resultado da prática do autor como preparador e revisor de textos na editora Ática, a obra concentra-se nos processos mais diretamente ligados ao dia a dia do profissional de revisão. Não pretende,

como os livros anteriores, abordar de forma exaustiva a prática e a teoria editoriais, concentrando-se nos problemas e nas questões que envolvem o cotidiano do revisor.

COELHO NETO, A. **Além da revisão**: critérios para revisão textual. Brasília: Senac, 2017.

Além de atualizar a obra de Ildete e de incluir as questões trazidas pelo surgimento do texto digital, o autor discute questões ligadas à profissão, como formas de lidar com o cliente, entre outras.

MARTINS FILHO, P. M. **Manual de editoração e estilo**. Campinas: Ed. da Unicamp; São Paulo: Edusp; Belo Horizonte: Ed. da UFMG, 2016.

Recentemente a editora da Unicamp e a editora Ateliê publicaram esta obra do experiente editor e professor da ECA-USP Plínio Martins Filho. Obra de quase oitocentas páginas, busca ser um manual de amplo espectro. Não tem a abrangência fundadora nem teórica dos livros de Houaiss e Araújo, mas vai além dos outros manuais pela amplitude dos assuntos e pelo detalhamento ao tratá-los.

ZINSSER, W. **Como escrever bem**. São Paulo: Três Estrelas, 2017.

FOLHA DE S.PAULO. **Manual da redação**. 21. ed. São Paulo: Publifolha, 2018.

Esses dois livros são muito importantes para refletir sobre a questão do estilo ou da arte de escrever, pois os manuais de revisão tratam muito lateralmente essas questões de escrita e estilo. E, na maior parte das vezes, prendem-se a questões gramaticais. Essas obras, não. O livro de Zinsser insere-se na tradição jornalística estadunidense. A busca pela clareza e pela objetividade do texto é o centro de toda a obra. Zinsser dá dicas básicas sobre a escrita – como redigir frases curtas, evitar a ordem indireta etc. – mas também orienta como escrever textos de acordo com o assunto em pauta. O *Manual da redação* segue, em geral, as orientações do estadunidense. A diferença está na organização dos assuntos, que se divide em seções e verbetes, o que facilita bastante a consulta do leitor. Além disso, dá dicas sobre o uso da norma-padrão e da normalização, entre outros aspectos editoriais.

Anexo

ASSOCIAÇÃO BRASILEIRA DE NORMAS TÉCNICAS. **NBR 5 892**: normas para datar. Rio de Janeiro, 1989.

_____. **NBR 6021**: informação e documentação: publicação periódica científica impressa: apresentação. Rio de Janeiro, 2003.

_____. **NBR 6022**: informação e documentação: artigo em publicação periódica científica impressa: apresentação. Rio de Janeiro, 2003.

_____. **NBR 6023**: informação e documentação: elaboração: referências. Rio de Janeiro, 2002.

_____. **NBR 6024**: informação e documentação: numeração progressiva das seções de um documento escrito: apresentação. Rio de Janeiro, 2003.

_____. **NBR 6025**: informação e documentação: revisão de originais e provas. Rio de Janeiro, 2002.

_____. **NBR 6027**: informação e documentação: sumário: apresentação. Rio de Janeiro, 2003.

_____. **NBR 6028**: informação e documentação: resumo: apresentação. Rio de Janeiro, 2003.

_____. **NBR 6029**: informação e documentação: livros e folhetos: apresentação. Rio de Janeiro, 2006.

ASSOCIAÇÃO BRASILEIRA DE NORMAS TÉCNICAS. **NBR 6032**: informação e documentação: abreviação de títulos de periódicos e de publicações seriadas. Rio de Janeiro, 1989.

____. **NBR 6033**: informação e documentação: ordem alfabética. Rio de Janeiro, 1989.

____. **NBR 6034**: informação e documentação: índice: apresentação. Rio de Janeiro, 2004.

____. **NBR 10520**: informação e documentação: citações em documentos: apresentação. Rio de Janeiro, 2002.

____. **NBR 10719**: informação e documentação: relatório técnico e/ou científico: apresentação. Rio de Janeiro, 2011.

____. **NBR 12225**: informação e documentação: lombada: apresentação. Rio de Janeiro, 2004.

____. **NBR 14724**: informação e documentação: trabalhos acadêmicos: apresentação. Rio de Janeiro, 2011.

____. **NBR 15287**: informação e documentação: projeto de pesquisa: apresentação. Rio de Janeiro, 2011.

Respostas

Capítulo 1

ATIVIDADES DE AUTOAVALIAÇÃO ————————————

1. e
2. b
3. d
4. a
5. c

Capítulo 2

ATIVIDADES DE AUTOAVALIAÇÃO ————————————

1. b
2. d
3. a
4. b
5. e

Capítulo 3

ATIVIDADES DE AUTOAVALIAÇÃO ————————————

1. e
2. a
3. d
4. a
5. c

Capítulo 4

ATIVIDADES DE AUTOAVALIAÇÃO ——————————

1. e
2. d
3. a
4. b
5. c

Capítulo 5

ATIVIDADES DE AUTOAVALIAÇÃO ——————————

1. b
2. c
3. e
4. d
5. b

Capítulo 6

ATIVIDADES DE AUTOAVALIAÇÃO ——————————

1. a
2. c
3. b
4. e
5. e

Sobre o autor

Eugênio Vinci de Moraes é doutor em Literatura Brasileira pela Universidade de São Paulo (USP). Há onze anos dá aulas de língua e literatura no Centro Universitário Uninter, em Curitiba. Trabalhou como preparador de textos e revisor por quinze anos (e ainda trabalha de forma bissexta) nas editoras Globo, Companhia das Letras e Cosac Naify, entre outras. Foi responsável pelo estabelecimento de textos de *Quincas Borba*, de Machado de Assis, editado pela Globo em 2008. Traduziu obras do italiano para o português, como *A arte da guerra* (2008), de Maquiavel, e *As novelas de Pescara* (2008), de Gabrielle D'Annunzio. Publicou pela editora L&PM em 2016 uma tradução em prosa da *Divina comédia*, de Dante Alighieri. Atualmente, publica crônicas no *blog Letra Corrida*.

Impressão: Forma Certa Gráfica Digital

Abril/2023

MISTO

Papel | Apoiando o manejo florestal responsável

FSC® C111076